LE GUIDE COMPLET

de Calligraphie Moderne et du Lettrage à la Main

UN GUIDE PAS À PAS ET UN CAHIER D'EXERCICES AVEC DE LA THÉORIE, DES TECHNIQUES, DES PAGES DE PRATIQUE ET DES PROJETS POUR APPRENDRE À ÉCRIRE À LA MAIN.

POUR DÉBUTANTS

Obtenez Vos Cadeaux

La créativité n'a pas de limites. Abonnez-vous à notre bulletin d'information et recevez ce matériel gratuitement.

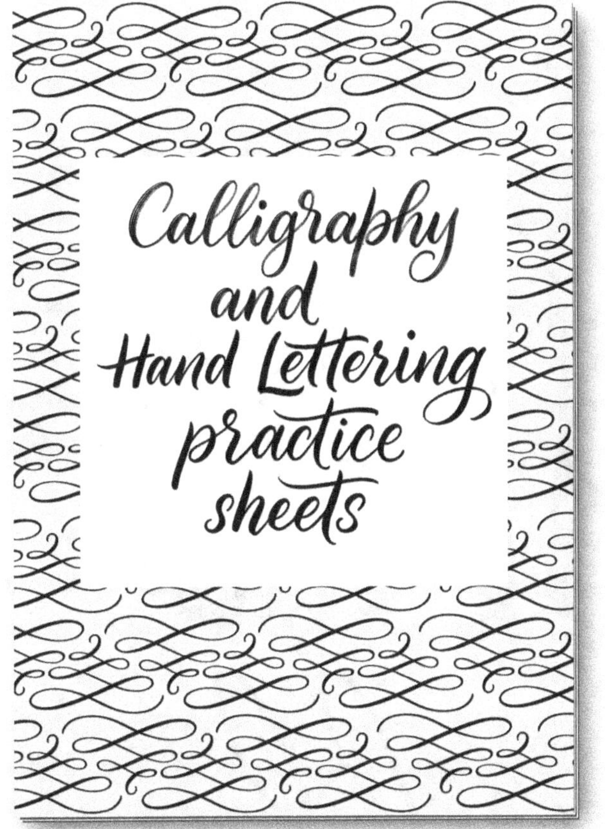

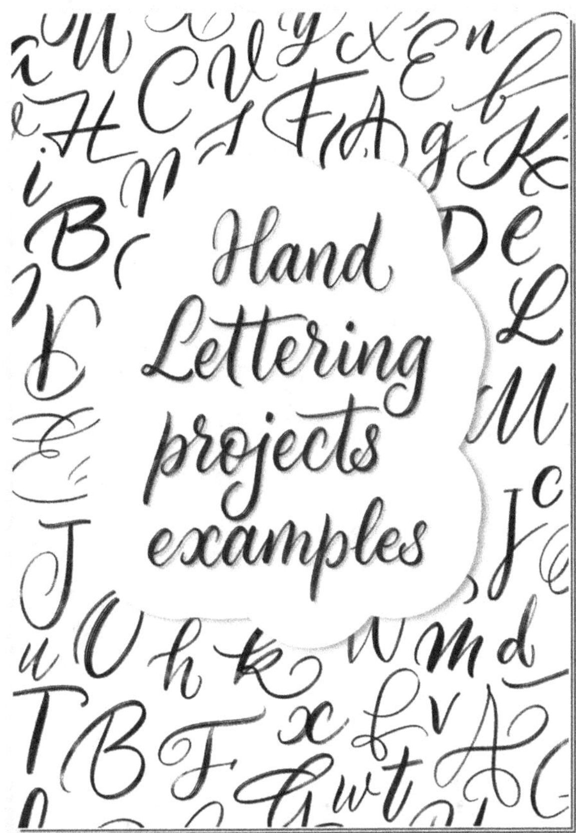

Téléchargez maintenant gratuitement

Scannez moi

www.specialartbooks.com/free-materials/

Suivez nous

ET PARTAGEZ VOS CRÉATIONS

Instagram: @specialart_coloring

Groupe Facebook: Special Art - Artwork

Site internet: www.specialartbooks.com

Rêve
GRAND
travaille
DUR

Table DES MATIÈRES

Tournons-nous VERS LE PASSÉ

Quelle est la raison ultime d'écrire?

Les gens écrivent parce qu'ils ont besoin de communiquer des informations. Tout au long de l'histoire, l'humanité a cherché le moyen le plus pratique de transmettre ses connaissances : elle a inventé le papier, les outils d'écriture, diverses techniques d'impression, des gravures, des timbres et des empreintes, des imprimantes et même l'internet.

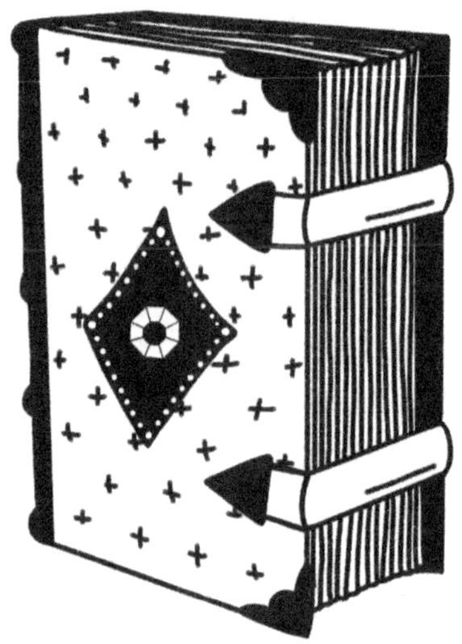

La capacité à écrire, et donc à lire, était le privilège d'une petite strate de la société. Les livres étaient d'une grande valeur et d'une grande rareté. Le passage de l'écriture à l'impression de livres a donc été une étape majeure pour l'Humanité.

L'imprimerie était une presse mécanique qui permettait de produire un grand nombre d'exemplaires imprimés.

Le texte était tapé à partir de lettres individuelles. Chaque lettre, chaque caractère, et même l'espace entre les lettres, était un objet métallique distinct. La composition de la page dans un tel livre était soigneusement réfléchie et rien n'était laissé au hasard.Une attention particulière fut accordée à la forme de la lettre elle-même. Il était important que la lettre résiste au plus grand nombre d'impressions possible.

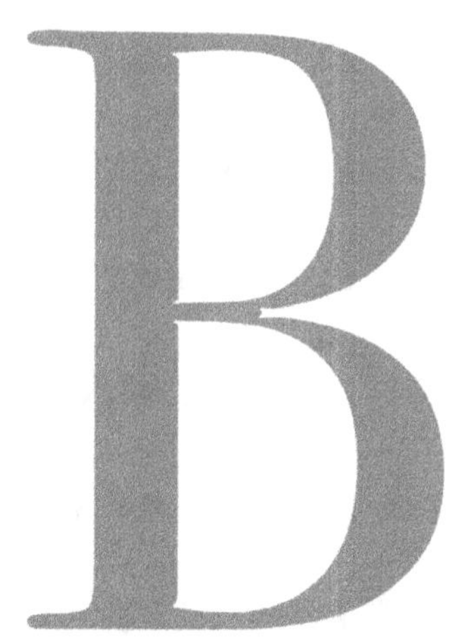

Aucune peinture ne devait se glisser entre les éléments de la lettre. La lettre devait être lisible en grand et en petit format. En plus de ces critères, il existe de nombreuses autres nuances qui affectent l'apparence du produit imprimé. Les premières polices de caractères étaient, bien sûr, basées sur des alphabets manuscrits et s'efforçaient même de les imiter.

Mais la forme des lettres en calligraphie est basée sur le mouvement de la main et de l'outil d'écriture manié par le calligraphe. Les lettres imprimées sont statiques et suivent des règles différentes. Nous examinerons ces règles plus tard mais, pour l'instant, revenons à l'art de la calligraphie.

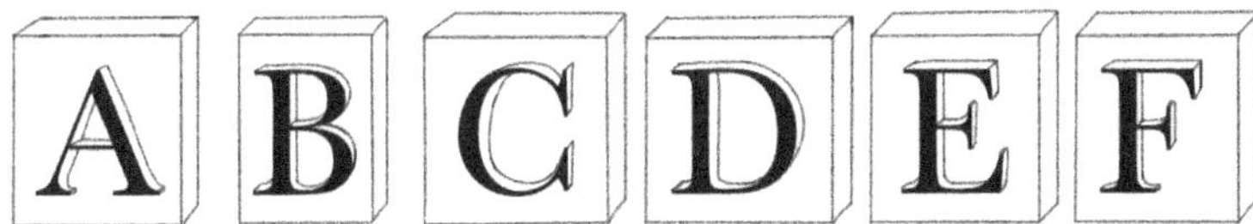

Les maîtres de la calligraphie ont une très bonne notion et maîtrise de l'espace, y compris l'espace à l'intérieur d'une lettre, entre les lettres, entre les mots et entre les lignes. Nos lettres ont des formes différentes, et pourtant les textes calligraphiés ont l'air très réguliers, comme des ornements.

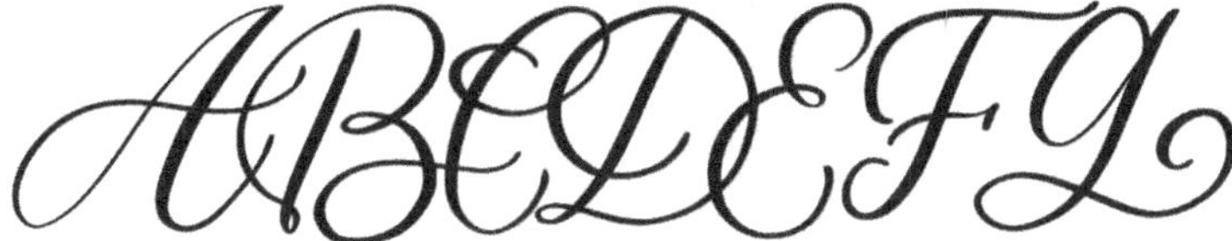

La calligraphie est dynamique. Cela signifie qu'une même lettre peut être écrite de différentes manières et qu'il existe de nombreuses ligatures, qui sont composées de 2 lettres ou plus. La création de la police de caractères a inévitablement suivi la voie de la simplification.

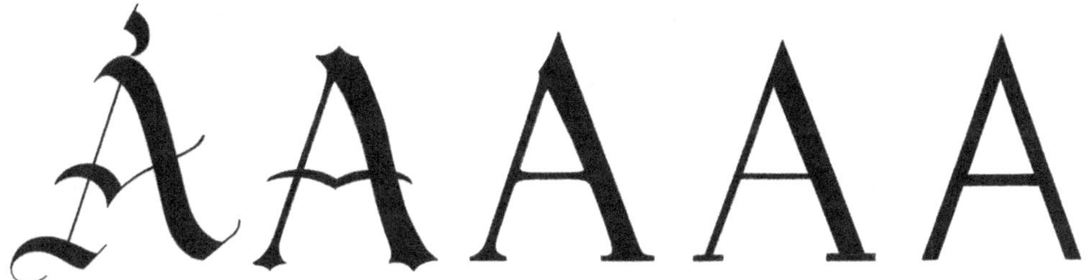

Afin d'utiliser les lettres plusieurs fois pour différents mots tout en les combinant de différentes manières, les lettres devaient avoir un aspect plus uniforme.
Les lettres devaient être conçues pour apparaître dans n'importe quelle combinaison, comme dans un jeu de construction pour enfants.

Aujourd'hui, dans le monde numérique, les lettres ont renouvelé leur capacité à être malléables et à changer en fonction de leur place dans le mot.
C'est pourquoi tant de personnes s'intéressent actuellement à la calligraphie.
Commençons donc ce voyage passionnant.

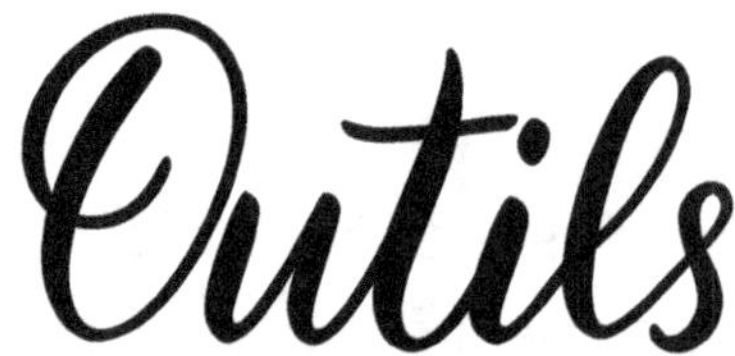

Outils

Alors, que faut-il pour commencer ce voyage ?
Lorsque vous commencez à assembler votre collection d'outils, préparez-vous aux choses les plus surprenantes. N'oubliez pas que tout ce qui peut laisser une marque sur quelque chose peut vous aider.
Il peut s'agir d'une brosse à dents, d'un bâton ou même d'un concombre, à condition que cela vous inspire ! Il n'y a pas de limite à la créativité.

Voyons donc une liste d'outils de base.

L'essentiel d'abord - un crayon moyennement dur.

En ce qui concerne les stylos, je recommande d'en choisir un qui donne une ligne d'épaisseur constante.

Les marqueurs. Je voudrais ici attirer votre attention sur les marqueurs à pointe conique. Ils diffèrent en termes d'épaisseur de trait, ce qui est important pour nous.

Un stylo pinceau est un marqueur dont la pointe a la forme d'une brosse.

Un stylo pointu

Examinons de plus près ce que nous allons faire ici.

Calligraphie

La calligraphie est l'art de la belle écriture.

Historiquement, chaque style d'écriture a été formé en fonction de l'outil utilisé par l'auteur.
Pour produire une belle écriture, il faut apprendre à suivre certaines règles, qui définissent les outils et les matériaux à utiliser.

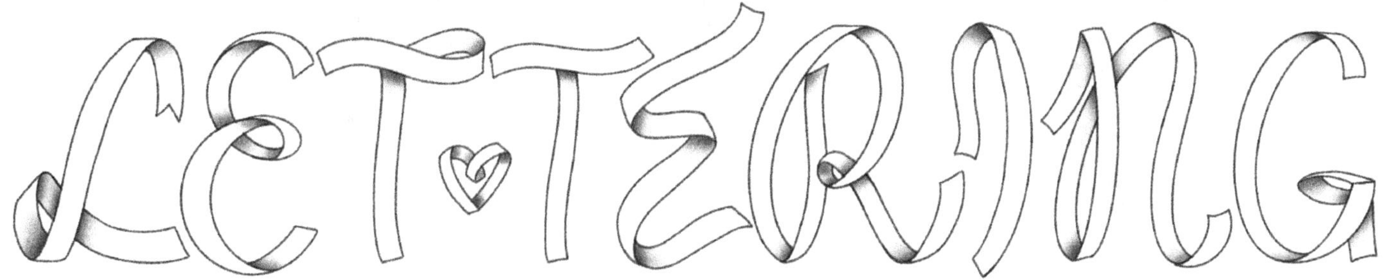

Le lettrage est le dessin de lettres.

Cette définition signifie que l'épaisseur du trait et la forme des lettres dépendent de la créativité de l'auteur et non de l'outil d'écriture utilisé.

Le lettrage peut être basé sur la calligraphie ou sur différents types de polices de caractères.
Examinons les principaux groupes de polices de caractères.

Examinons de plus près CE QUE NOUS ALLONS FAIRE ICI

SERIF

Police à empattements (dit aussi à serif)
Les empattements sont de courts traits qui encadrent les traits principaux des caractères. L'empattement classique est utilisé pour la composition de textes de base, car une police à empattement bien conçue peut faire une grande différence en termes de lisibilité et de gain d'espace.
Les empattements donnent aux artistes du lettrage un moyen fantastique d'ajouter du caractère à leurs créations.

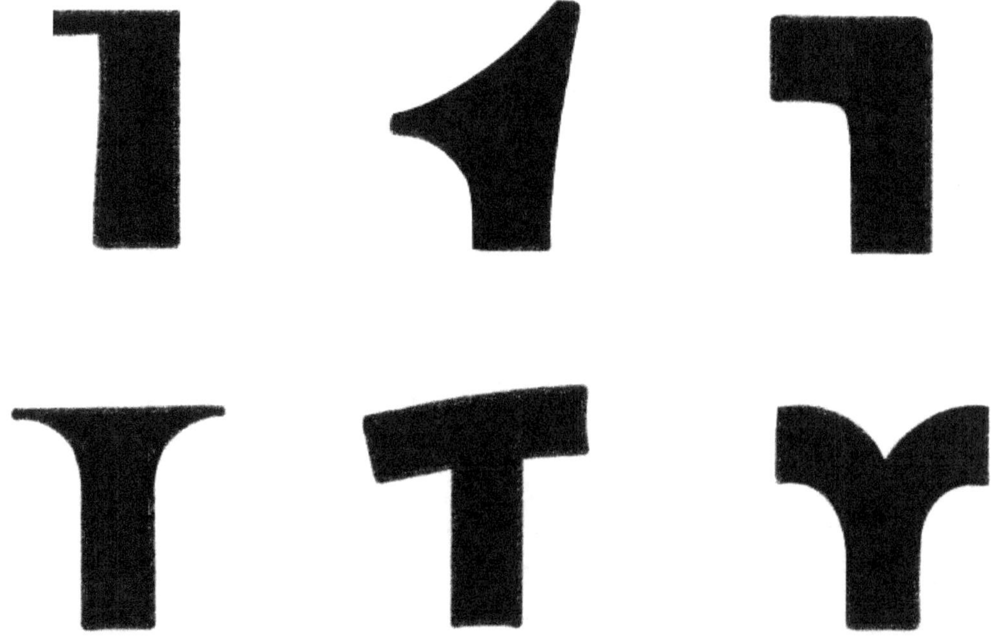

Les empattements peuvent être simples ou doubles. Leur forme peut être variée : triangulaire, rectangulaire, arrondie, décorative, ou même une fine ligne horizontale, entre autres.

SANS

Sans-Serif

Les polices de caractères sans empattements

Elles sont beaucoup plus récentes que les serifs, puisqu'elles sont apparues pour la première fois à la fin du XVIIIe siècle. Au début, elles étaient utilisées exclusivement comme caractères d'accent. Ce n'est qu'au XXe siècle qu'elles ont commencé à être utilisées pour la composition.

L'absence d'empattements gênants signifie que ce type de police fonctionne mieux sur les écrans, ce qui les rend excellentes pour les sites web et les applications.

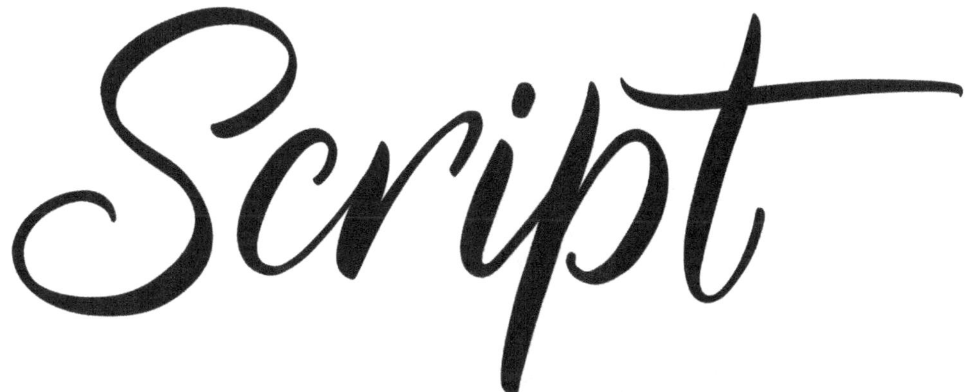

Police de script

Imitation d'écriture ou de calligraphie

AFFICHAGE

Affichage (dit aussi display)

Polices de caractères accidentelles. Non conçues pour la composition, utilisées pour la signalisation, les titres ou les annonces. Polices très distinctives et inhabituelles.

Entraînement

Les éléments structurels de la calligraphie sont d'épais traits descendants et de minces traits ascendants. La beauté de l'écriture réside dans l'art de la répartition des contrastes et dans la disposition rythmique des lignes fines et épaisses.

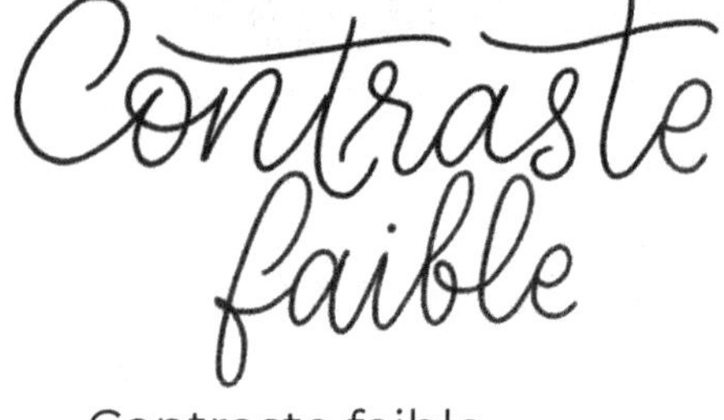

Contraste faible

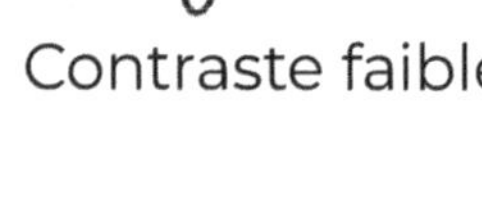

Contraste élevé

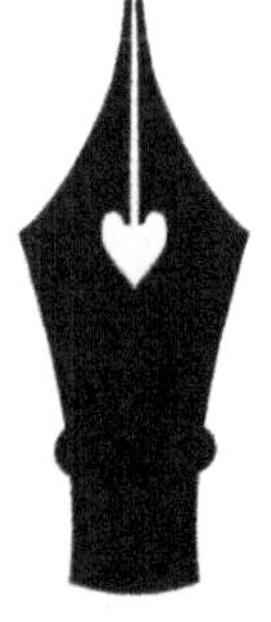

Un stylo pointu

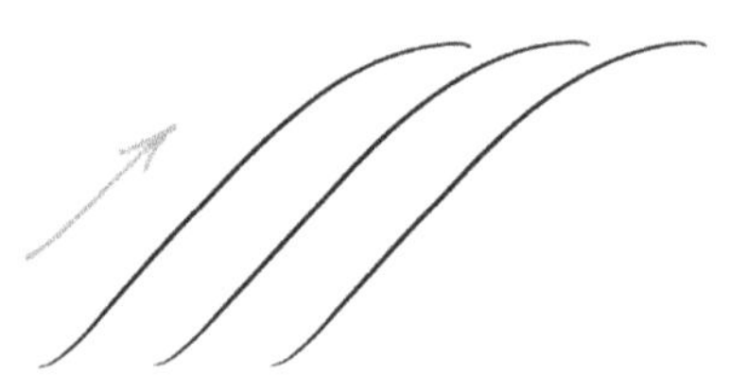

une ligne sans pression

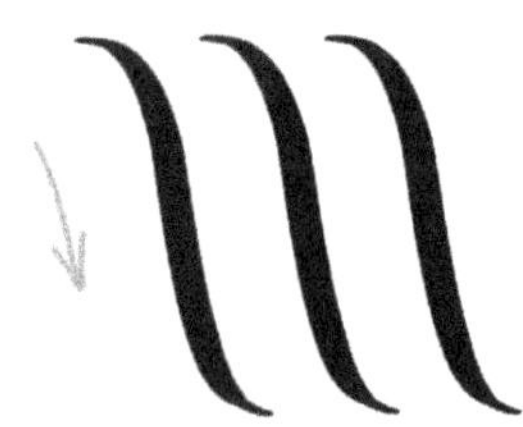

une ligne avec pression

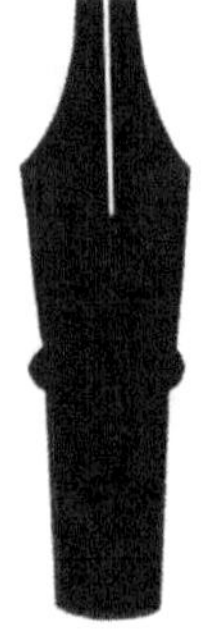

Un stylo à pointe large

une ligne sans pression

une ligne avec pression

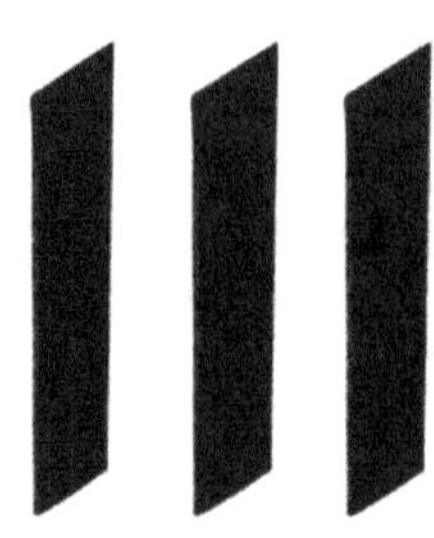

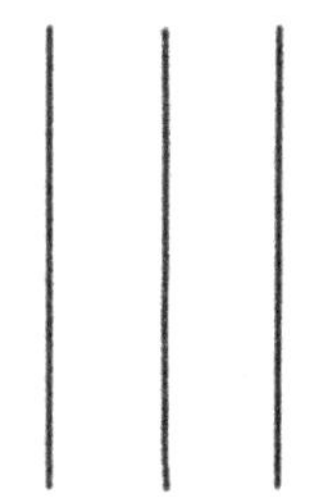

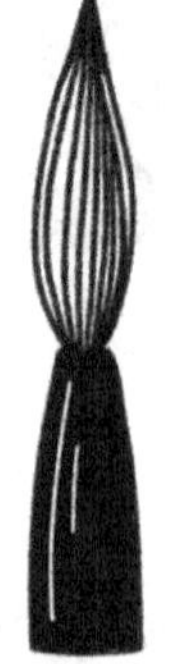

Pinceau

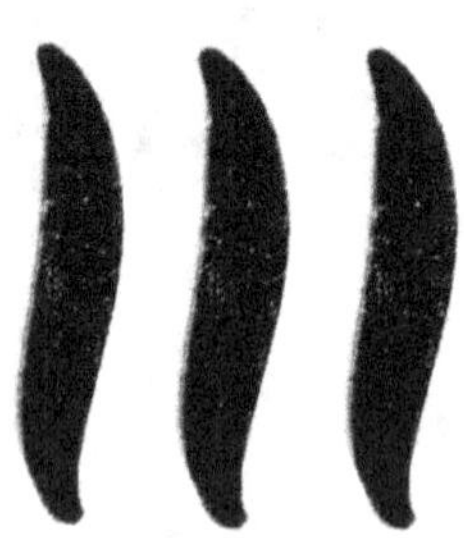

ligne avec pression

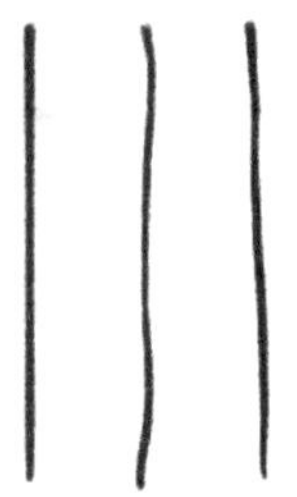

écriture avec la pointe du pinceau

Anatomie D'UNE LETTRE

Examinons les éléments de base.

Les ascendants et les descendants sont les éléments les plus visibles.

Les ascendants sont les parties de la police situées au-dessus de la ligne de l'élément minuscule (hauteur-x), tandis que les descendants sont situés en dessous de la hauteur-x.

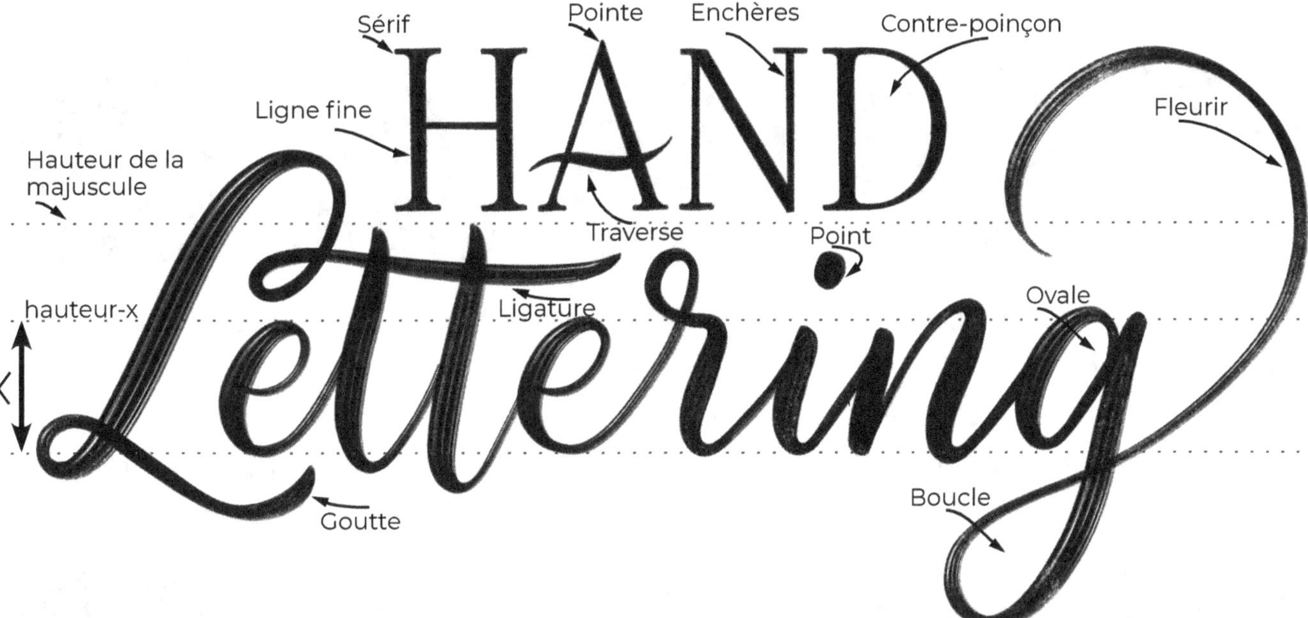

La hauteur de la majuscule est la partie la plus haute des lettres majuscules.
Notez que le haut de l'élément majuscule (La lettre 'L' dans le mot lettering)
se trouve au-dessus de cette ligne.

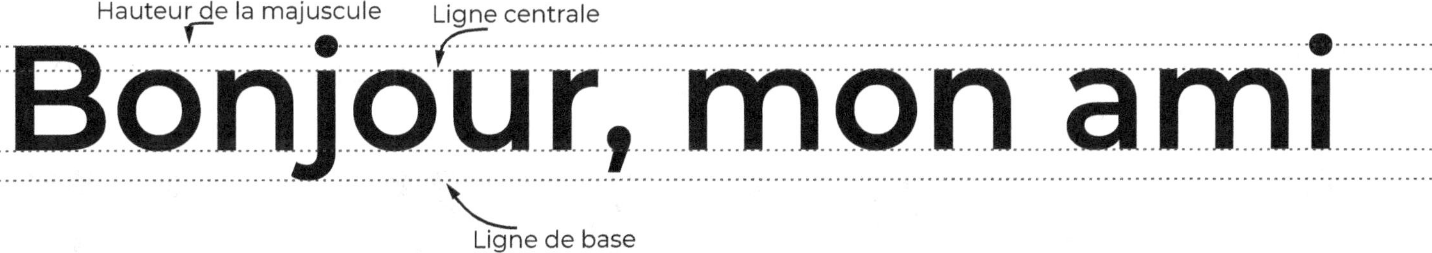

Cela est également visible dans la police de base «Bonjour, mon ami». Regardez les lettres «o» et «u», elles dépassent légèrement de la ligne centrale.
En effet, le poids visuel d'une lettre est plus important que son poids géométrique.

Les concepteurs de polices utilisent donc des illusions d'optique pour équilibrer visuellement ces lettres avec des lettres plus grandes et moins arrondies.
Nous aborderons ce sujet plus en détail dans le prochain chapitre.

Illusions d'optique DANS LES LETTRES

Les illusions d'optique sont des erreurs de perception visuelle causées par des erreurs de précision ou des processus inadéquats qui se produisent lors d'une correction inconsciente d'images visuelles. Notre cerveau nous trompe en analysant les données de manière erronée. Cela s'explique par le fait que notre perception visuelle de la taille et de la forme d'un objet dépend du contexte dans lequel il est vu.

Les concepteurs de polices sont le plus souvent confrontés à l'illusion optique de la perception de la taille. Si un carré, un cercle et un triangle sont placés entre les mêmes lignes de base, les formes apparaîtront inégales, le carré apparaissant comme la plus grande forme, suivi du triangle et enfin du cercle, qui apparaîtra comme le plus petit.

Pour que les formes soient visuellement identiques, nous devons compenser l'illusion d'optique en les agrandissant, de sorte qu'elles nous apparaissent comme des formes de même taille.

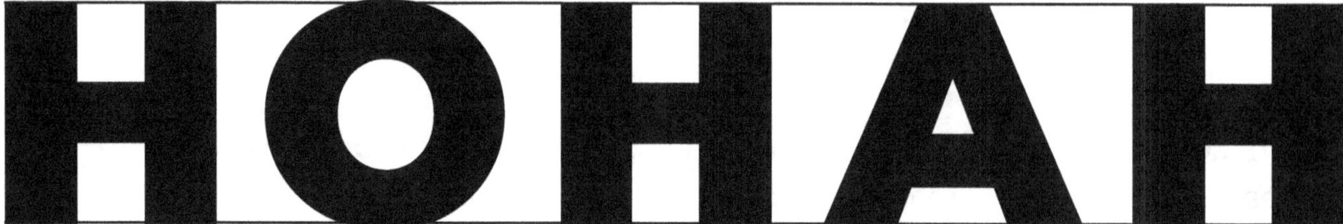

Il en va de même pour les lettres. Les lettres qui ont des angles arrondis ou vifs apparaissent plus petites que les autres lettres lorsqu'elles sont placées sur la même ligne de bas. Par conséquent, nous devons compenser cette illusion en laissant ces lettres hors de la ligne de base.

Si nous dessinons les lettres H et N de la même largeur, la lettre N apparaît légèrement plus étroite que la lettre H. Cela se produit parce que l'élément diagonal de N occupe plus d'espace à l'intérieur de la lettre que le trait horizontal de H. Pour compenser l'illusion d'optique, la lettre N doit être légèrement plus large que la lettre H.

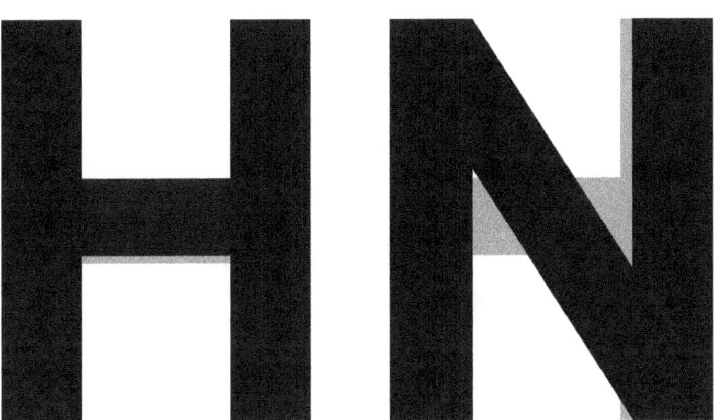

Les traits horizontaux paraissent plus épais que les traits verticaux, donc dans les lettres dont l'épaisseur du trait est constante, vous devez rendre les traits horizontaux légèrement plus fins que les traits verticaux.

Un cercle parfaitement rond apparaît écrasé, tandis qu'un cercle allongé verticalement apparaît droit. Ainsi, lorsque vous dessinez une lettre «O» visuellement ronde, vous devez compenser la distorsion visuelle.

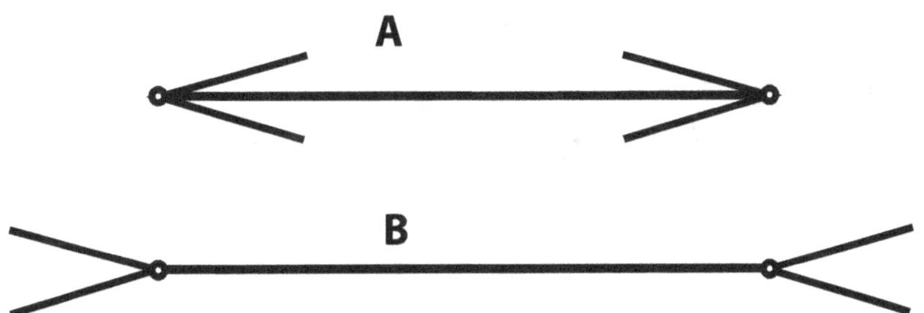

Quel segment de ligne est le plus long, A ou B ?
En fait, bien que la ligne B semble beaucoup plus longue, elles sont en fait de longueur absolument égale.

Il existe de nombreux autres exemples de la manière dont la forme affecte la vision, dont la perception de la taille est affectée par les objets environnants, et bien plus encore.

Le processus de construction des lettres consiste à suivre un grand nombre de règles. Cependant, la calligraphie est une forme d'écriture manuscrite, où le calligraphe fait plus confiance à sa perception visuelle qu'à la règle.

Avec la pratique vient l'utilisation intuitive des règles.

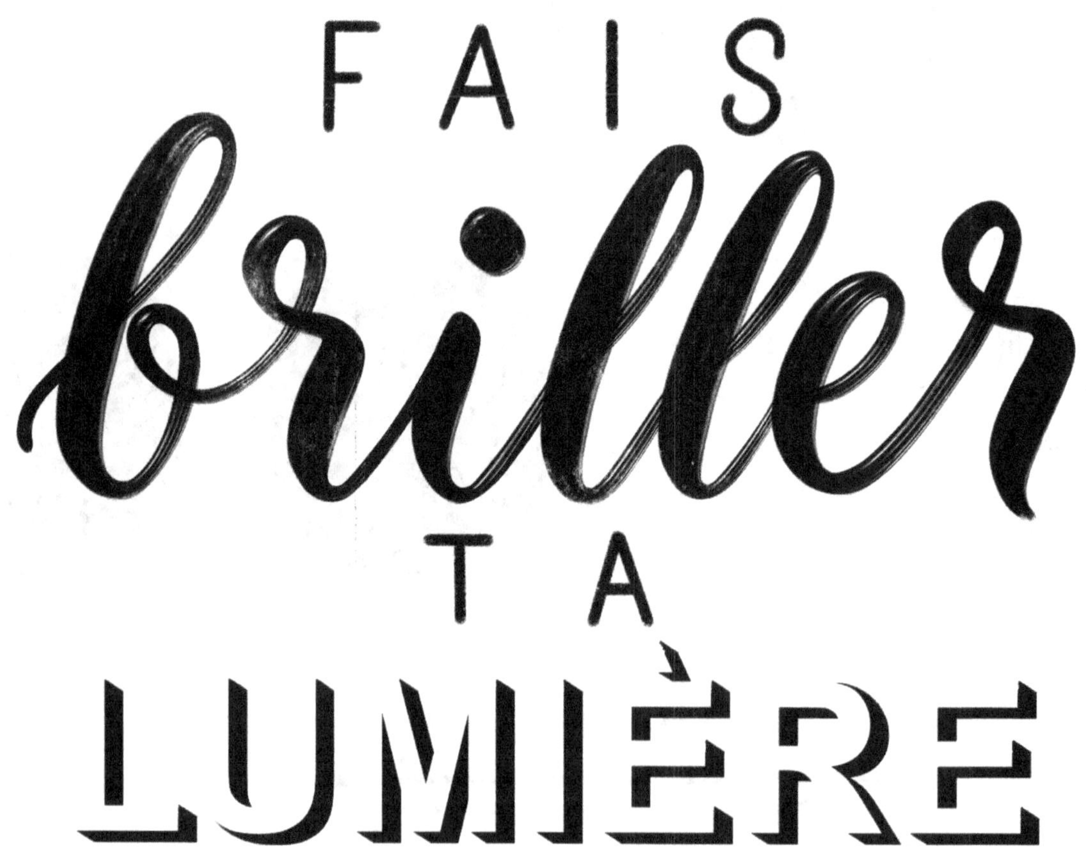

Commençons

Démarrons par un cas simple et expérimentez l'art de la calligraphie, même dans les lettres les plus simples.

Sentez comment se joue l'espace aérien à l'intérieur de la lettre. Ces lettres sont le squelette, la base, que nous pouvons ensuite transformer en diverses lettres décoratives.

Pour l'instant, travaillons sur la rigidité de la main. Notre main doit être capable de reproduire l'image qui naît dans notre tête.

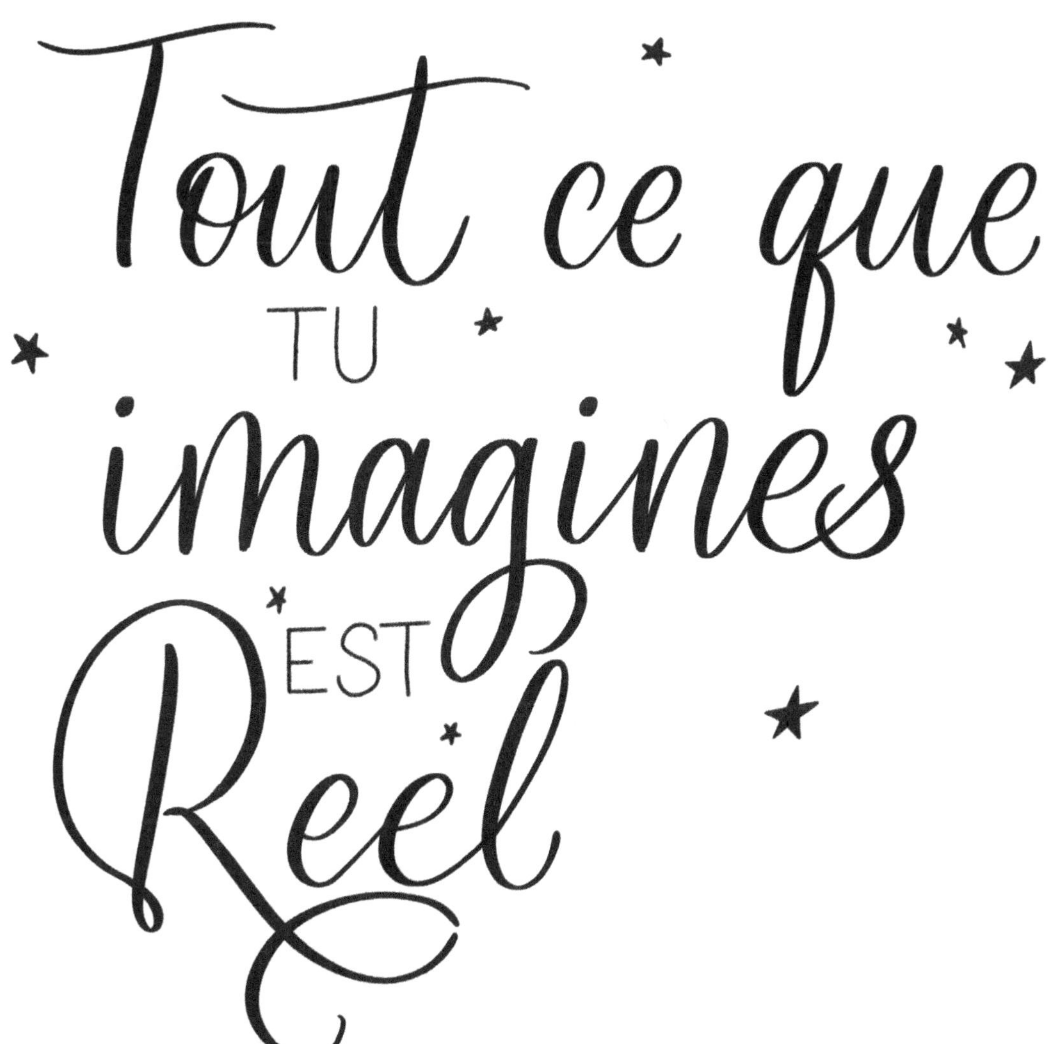

ALPHABET SANS SERIF

Prenez votre temps et écrivez toutes les lettres lentement et avec soin.

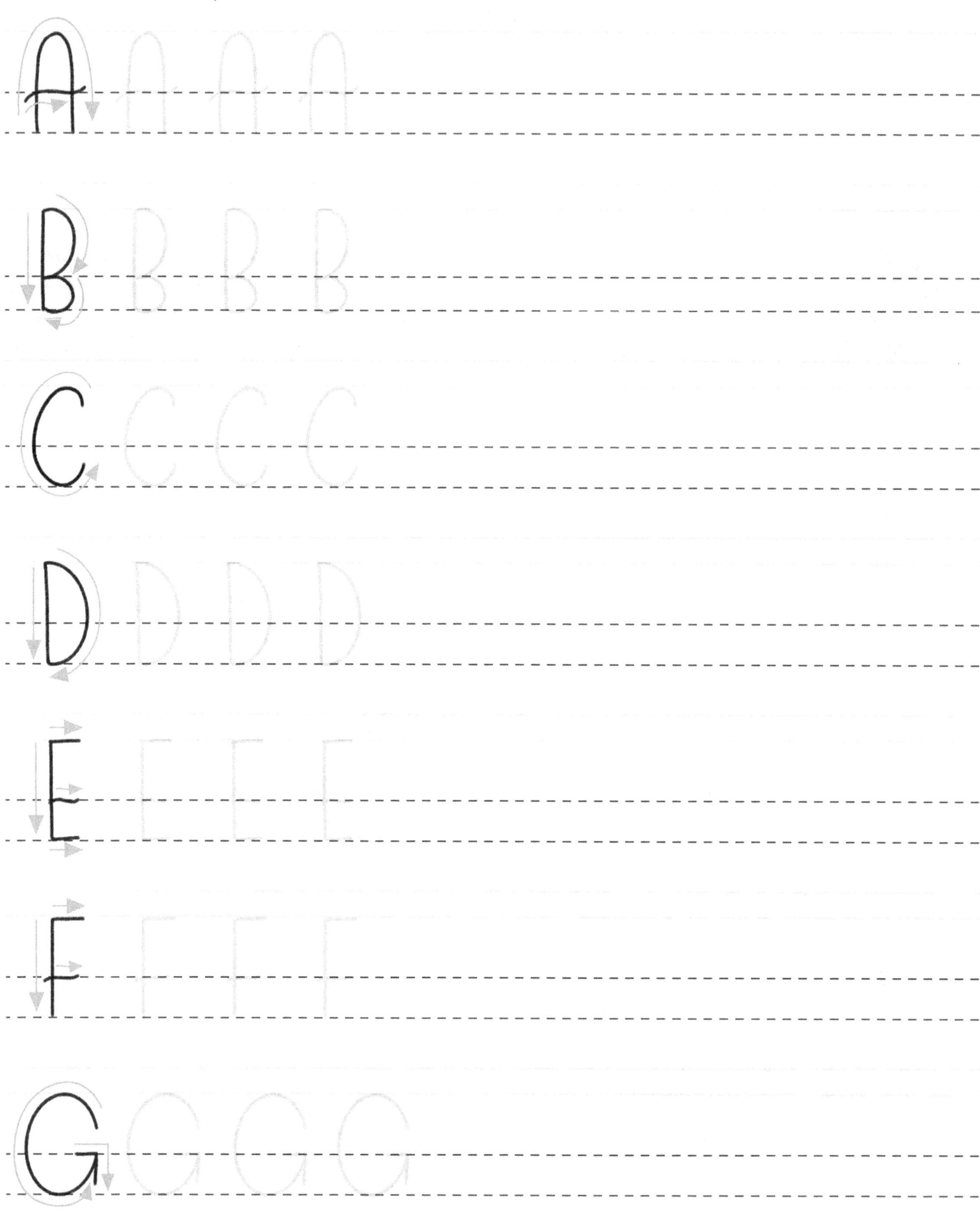

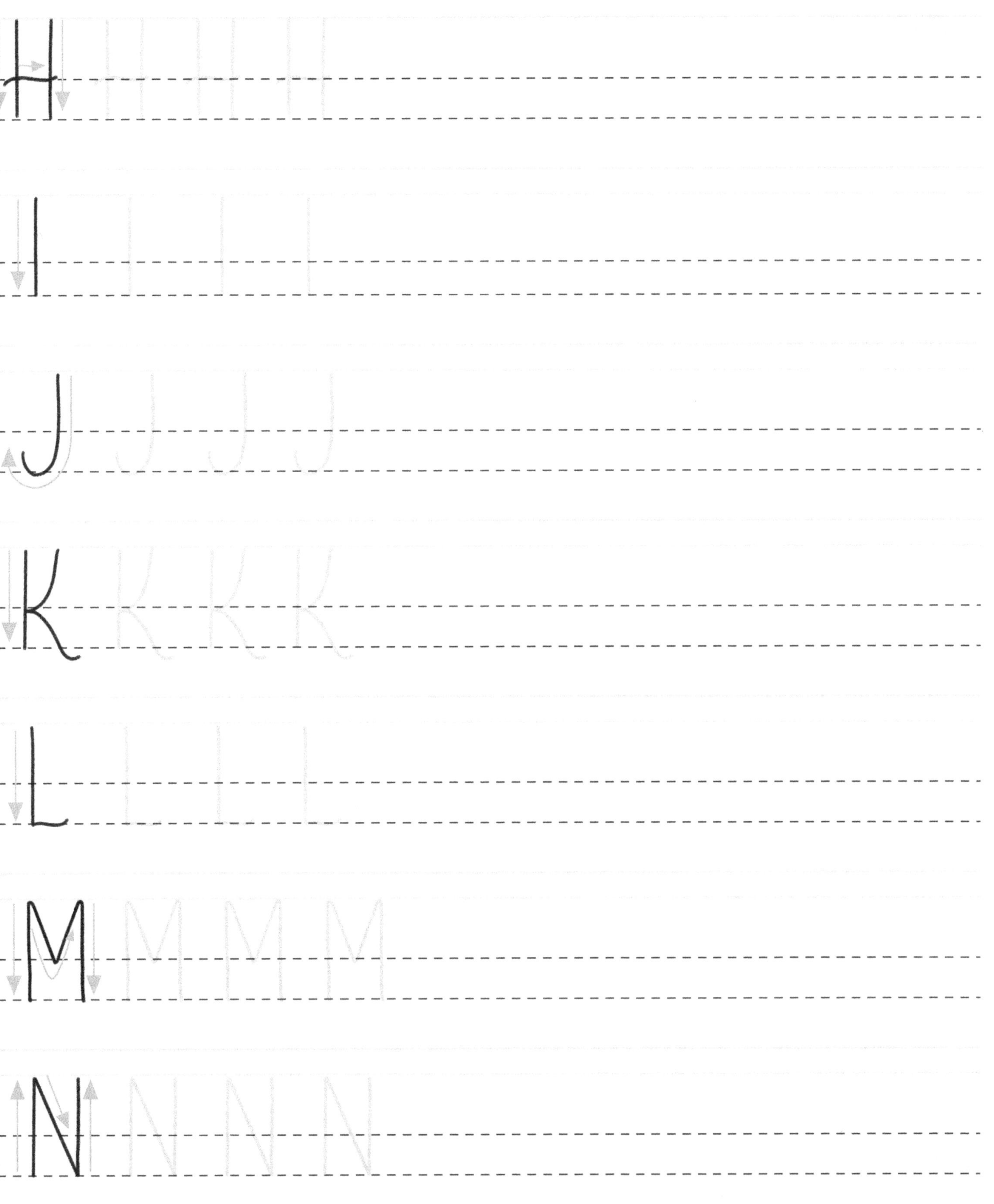

ALPHABET SANS SERIF

Prenez votre temps et écrivez toutes les lettres lentement et avec soin.

V

W

X

Y

Z

D'abord
ILS REGARDENT,
Puis
ILS DÉTESTENT,
Puis
ILS COPIENT

Calligraphie MONOLIGNE

Super!

Nous avons déjà fait un pas dans le monde des lettres!

La prochaine police monoligne est particulièrement adaptée aux débutants. Elle vous aidera à obtenir une consistance lisse dans vos traits et à développer votre mémoire musculaire.

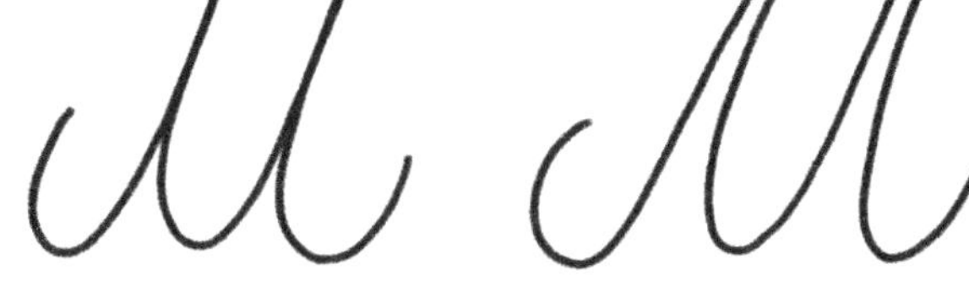

Ajoutez un espace intra-lettre.

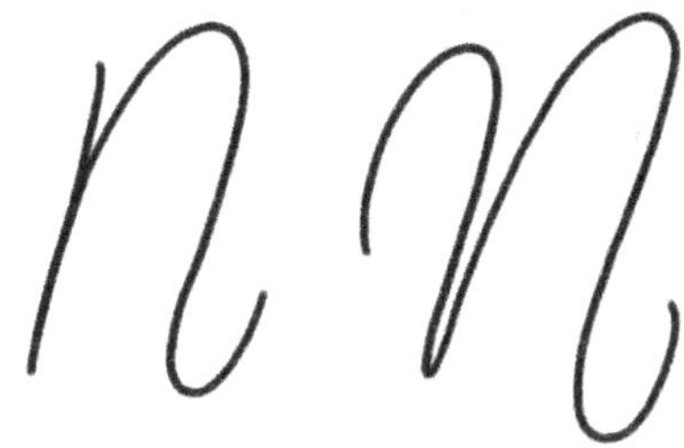

Ne revenez pas sur la même ligne, faites un retrait.

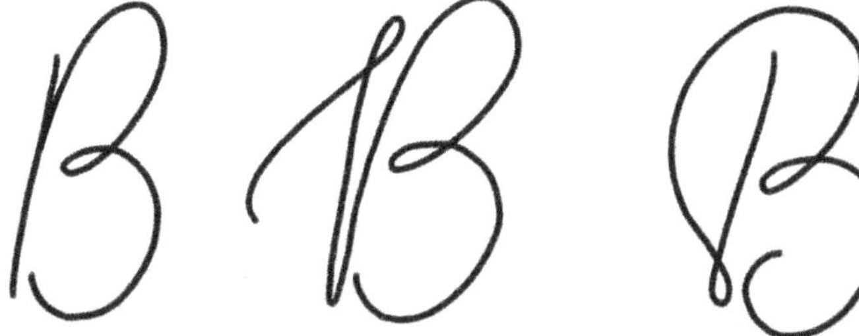

ALPHABET MONOLIGNE DE BASE

Commencez à vous entraîner maintenant en suivant les directions des traits.

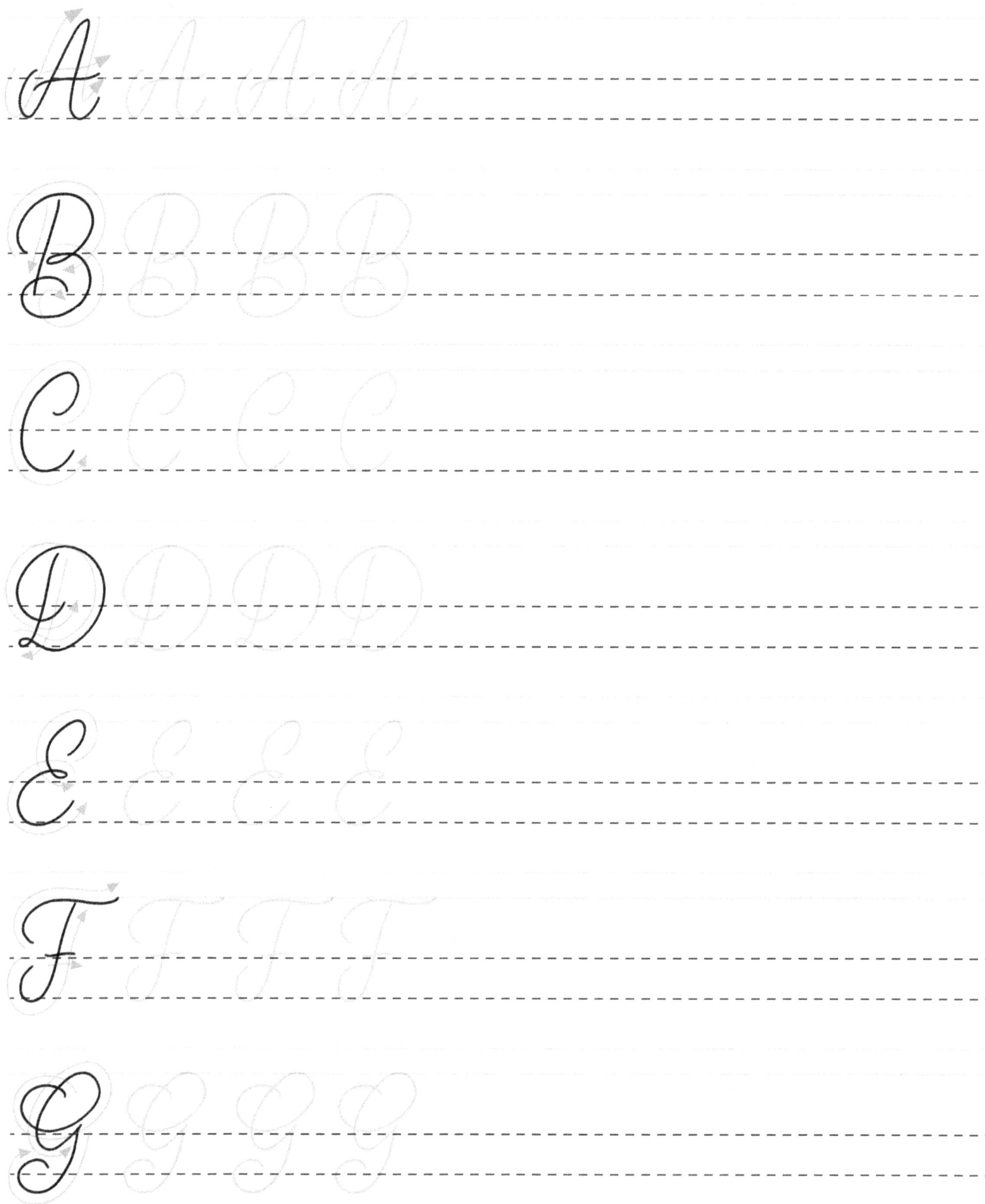

Utilisez les espaces vierges pour vous entraîner tout seul.

ALPHABET MONOLIGNE DE BASE

Commencez à vous entraîner maintenant en suivant les directions des traits.

Utilisez les espaces vierges pour vous entraîner tout seul.

ALPHABET MONOLIGNE DE BASE

Commencez à vous entraîner maintenant en suivant les directions des traits.

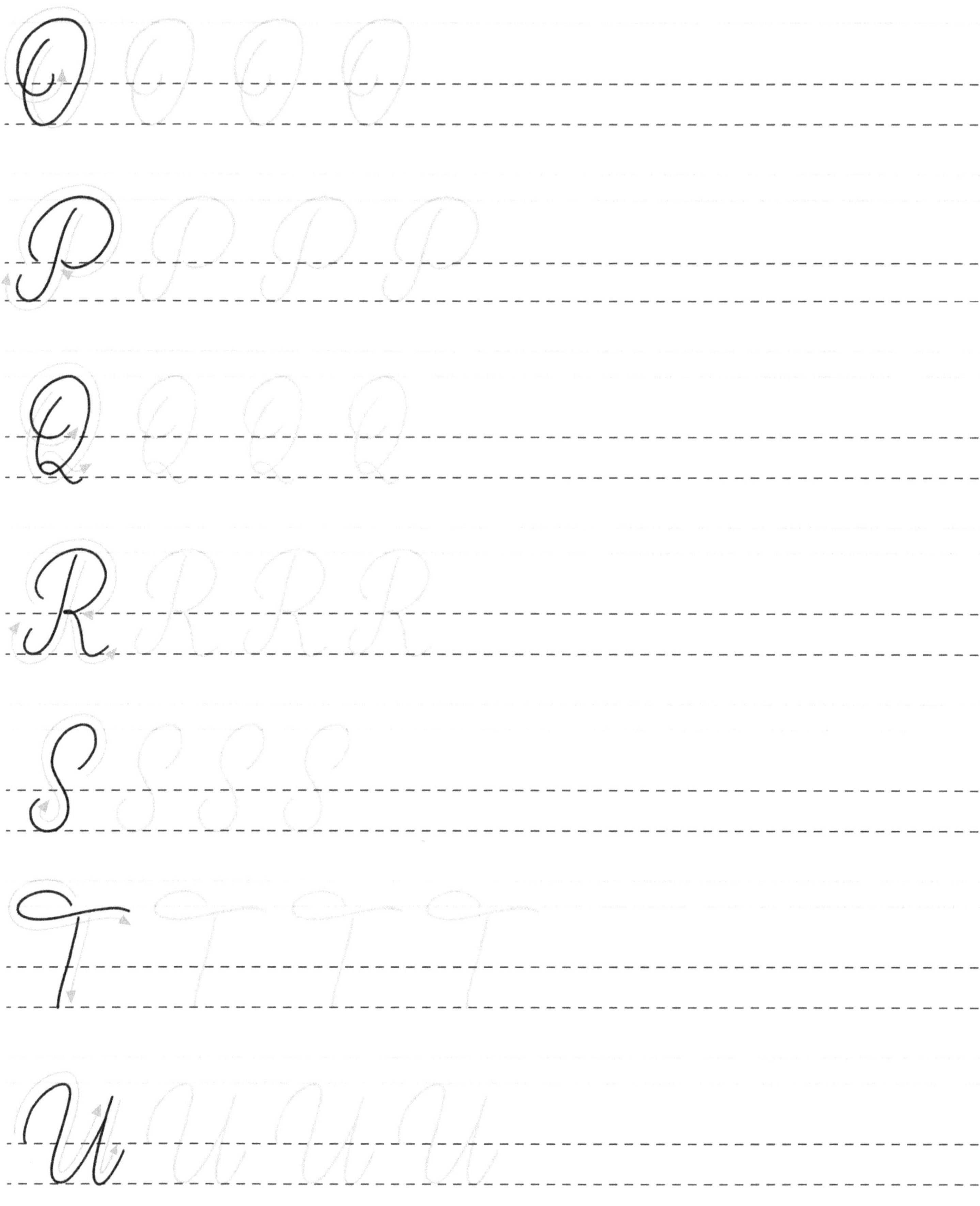

Utilisez les espaces vierges pour vous entraîner tout seul.

ALPHABET MONOLIGNE DE BASE

Commencez à vous entraîner maintenant en suivant les directions des traits.

Utilisez les espaces vierges pour vous entraîner tout seul.

ALPHABET MONOLIGNE DE BASE

Commencez à vous entraîner maintenant en suivant les directions des traits.

Utilisez les espaces vierges pour vous entraîner tout seul.

ALPHABET MONOLIGNE DE BASE

Commencez à vous entraîner maintenant en suivant les directions des traits.

Utilisez les espaces vierges pour vous entraîner tout seul.

ALPHABET MONOLIGNE DE BASE

Commencez à vous entraîner maintenant en suivant les directions des traits.

Utilisez les espaces vierges pour vous entraîner tout seul.

ALPHABET MONOLIGNE DE BASE

Commencez à vous entraîner maintenant en suivant les directions des traits.

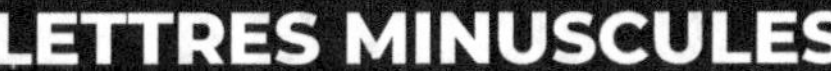

Utilisez les espaces vierges pour vous entraîner tout seul.

LETTRES MINUSCULES

Calligraphie AU PINCEAU

Nous allons maintenant apprendre les outils calligraphiques qui peuvent être utilisés pour écrire des lignes de différentes épaisseurs. Pour ce faire, utilisez un stylo pinceau ou un marqueur à pointe conique.

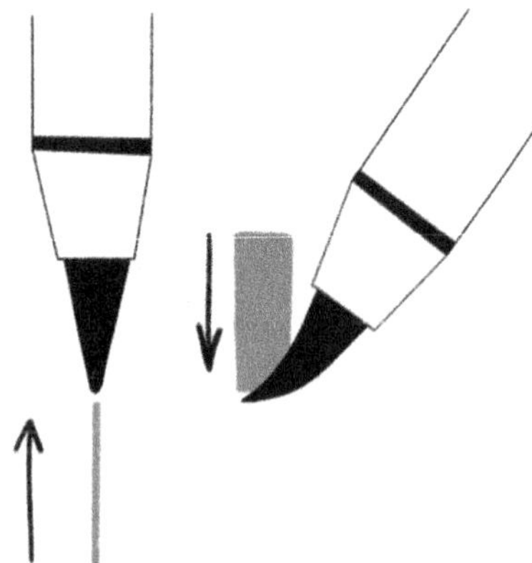

Avec ces outils, il est important de tenir compte de la façon dont vous écrivez les éléments des lettres ainsi que de l'ordre dans lequel vous les écrivez. La règle de base de la calligraphie est que les traits descendants doivent être plus épais, tandis que les traits ascendants sont plus fins. C'est pourquoi on utilise une plume en calligraphie - car il est impossible d'écrire un trait épais vers le haut avec une plume!

Commençons par le trait descendant et par le niveau de pression.

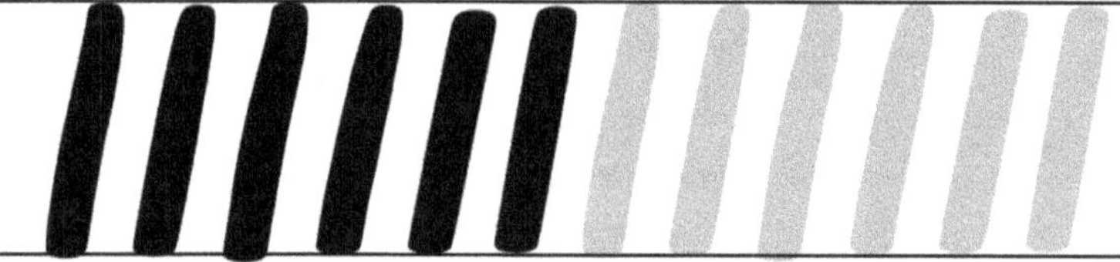

N'appuyez pas sur le marqueur de haut en bas, car cela déformerait la pointe et lui ferait perdre rapidement sa forme. Pour tracer une large ligne, inclinez le marqueur de manière parallèle à la table.

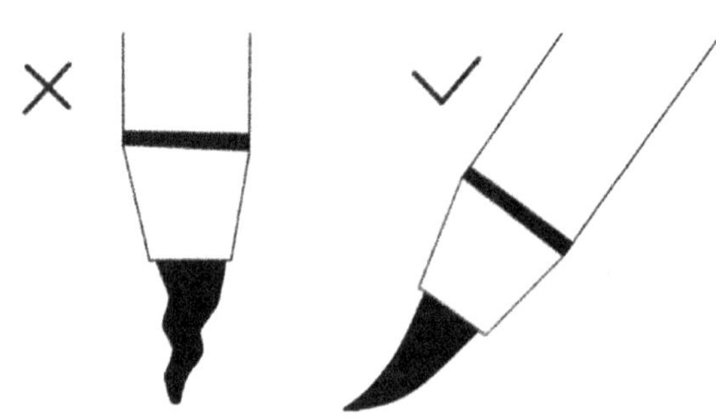

Écrivez maintenant légèrement, en remontant la pointe du marqueur.

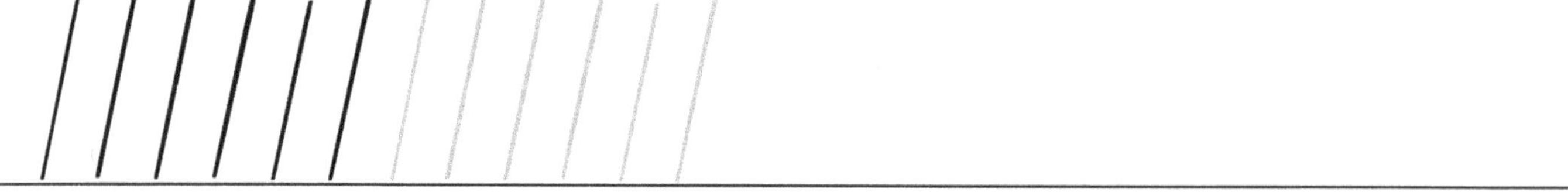

Vous devez maintenant apprendre à faire une transition en douceur d'un trait fin à un trait épais.

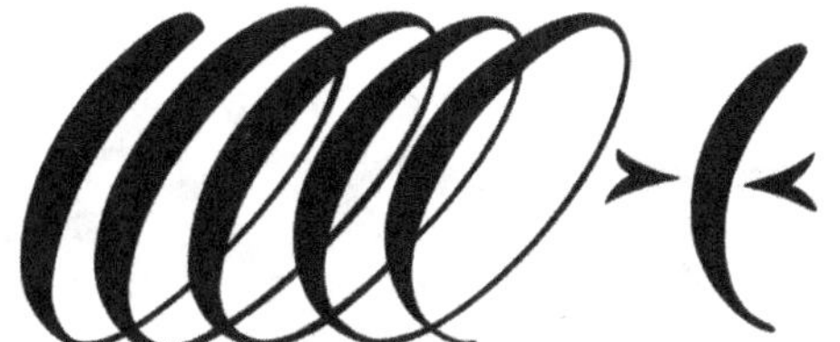

Appliquez une pression douce en déplaçant votre main vers le bas.
Relâchez doucement la pression vers la fin de la ligne et passez doucement à l'élément suivant sans appliquer de pression.

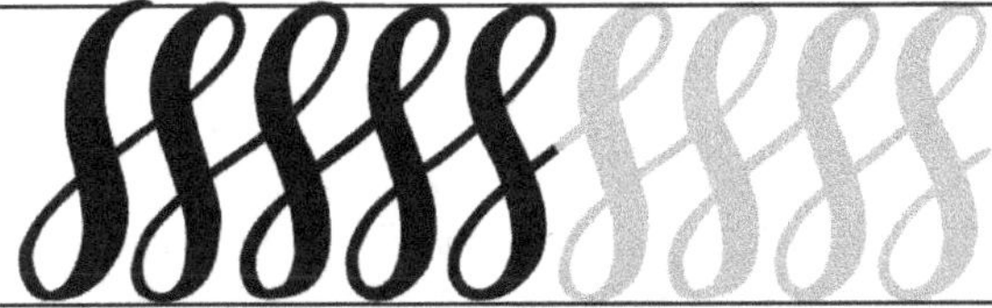

Le niveau de pression le plus élevé.

Si vous êtes débutant, nous vous conseillons de faire beaucoup d'exercices pour vous aider à comprendre le mouvement de la main et pour ajouter un peu d'art à vos lettres plus tard. Les traits sont un excellent moyen de créer du caractère dans une lettre.

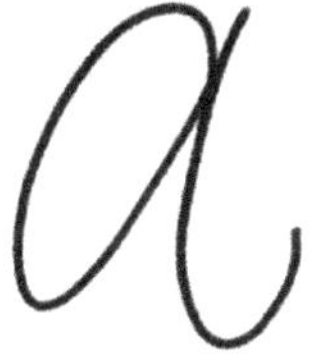

Lorsque vous écrivez des lettres avec des lignes d'épaisseur différente, n'oubliez pas de laisser plus d'espace pour les lignes plus épaisses afin que les lignes ne se confondent pas. La trajectoire de votre main doit être délibérément large.

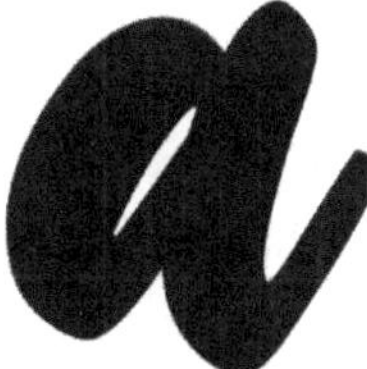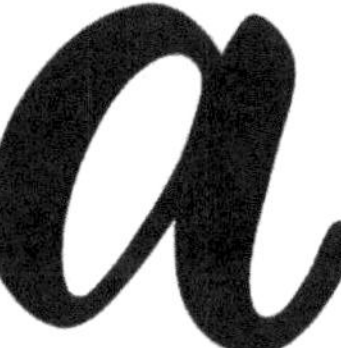

Les lignes épaisses et fines ne se croisent pas. Les traits horizontaux doivent être écrits en traits fins.

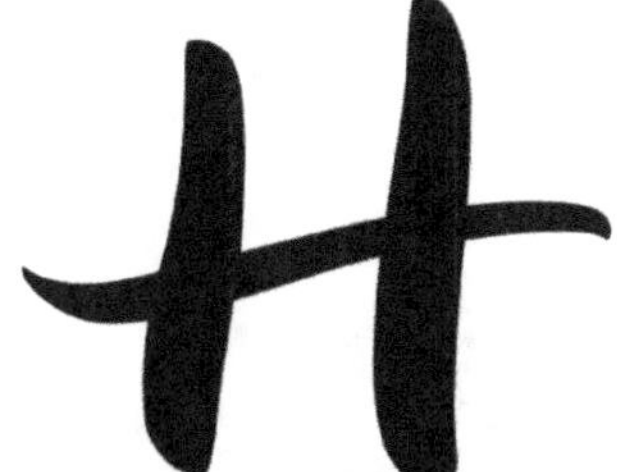

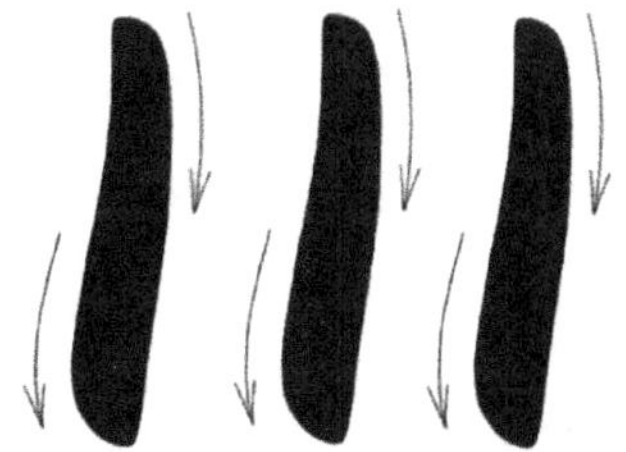

Faites une légère courbe, cela rend la ligne plus élégante.

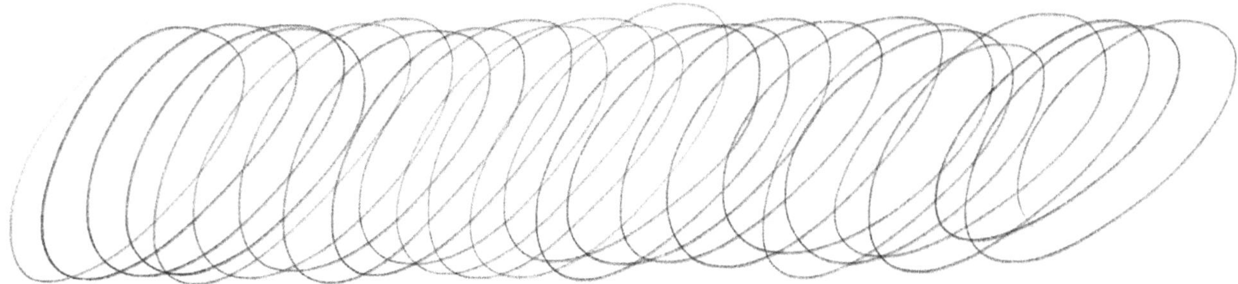

Si vous sentez une tension excessive dans votre main, faites un exercice de relaxation du bras - dessinez une spirale avec votre main qui s'éloigne de votre épaule, afin que le poignet ne bouge pas.

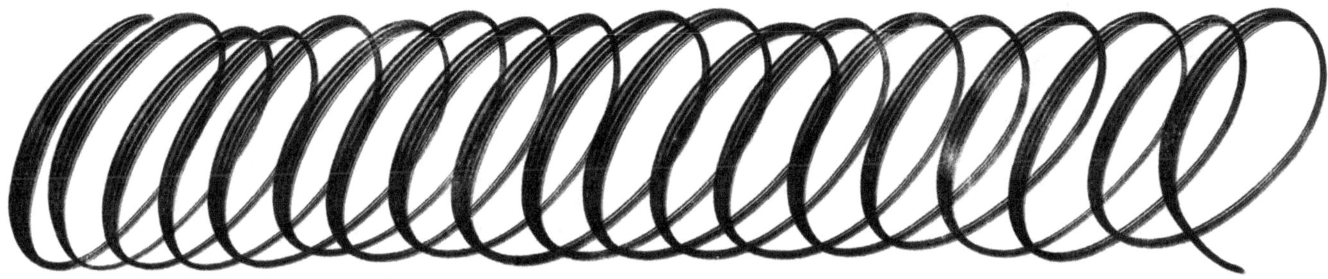

Essayez d'écrire plus souvent au travers de votre épaule, de cette façon vos lignes seront plus espacées.

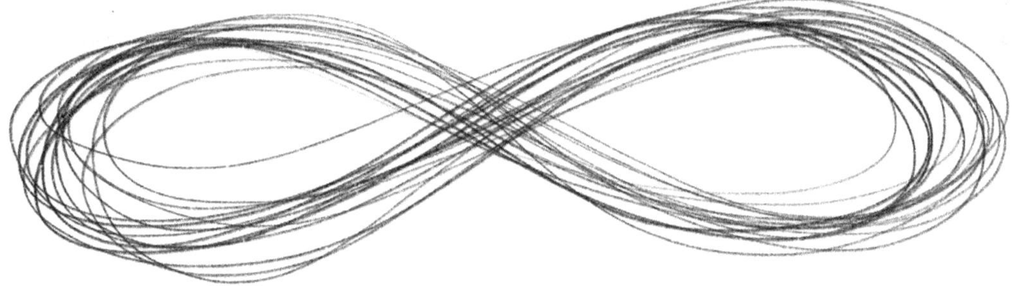

Essayez différentes séries pour vous entraîner à la calligraphie.

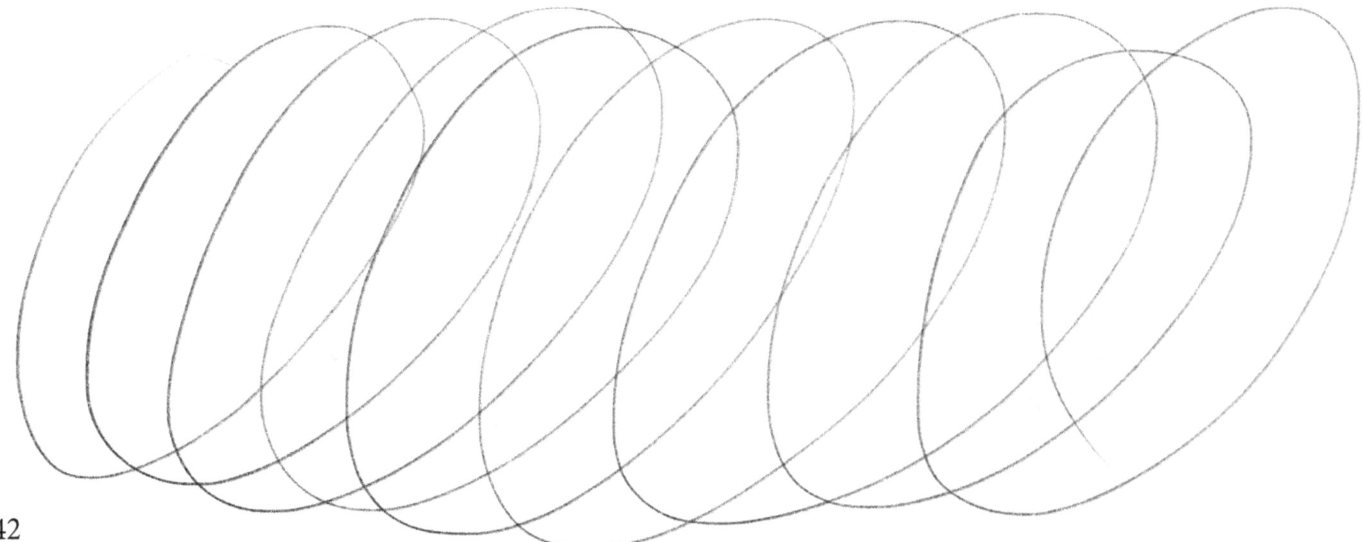

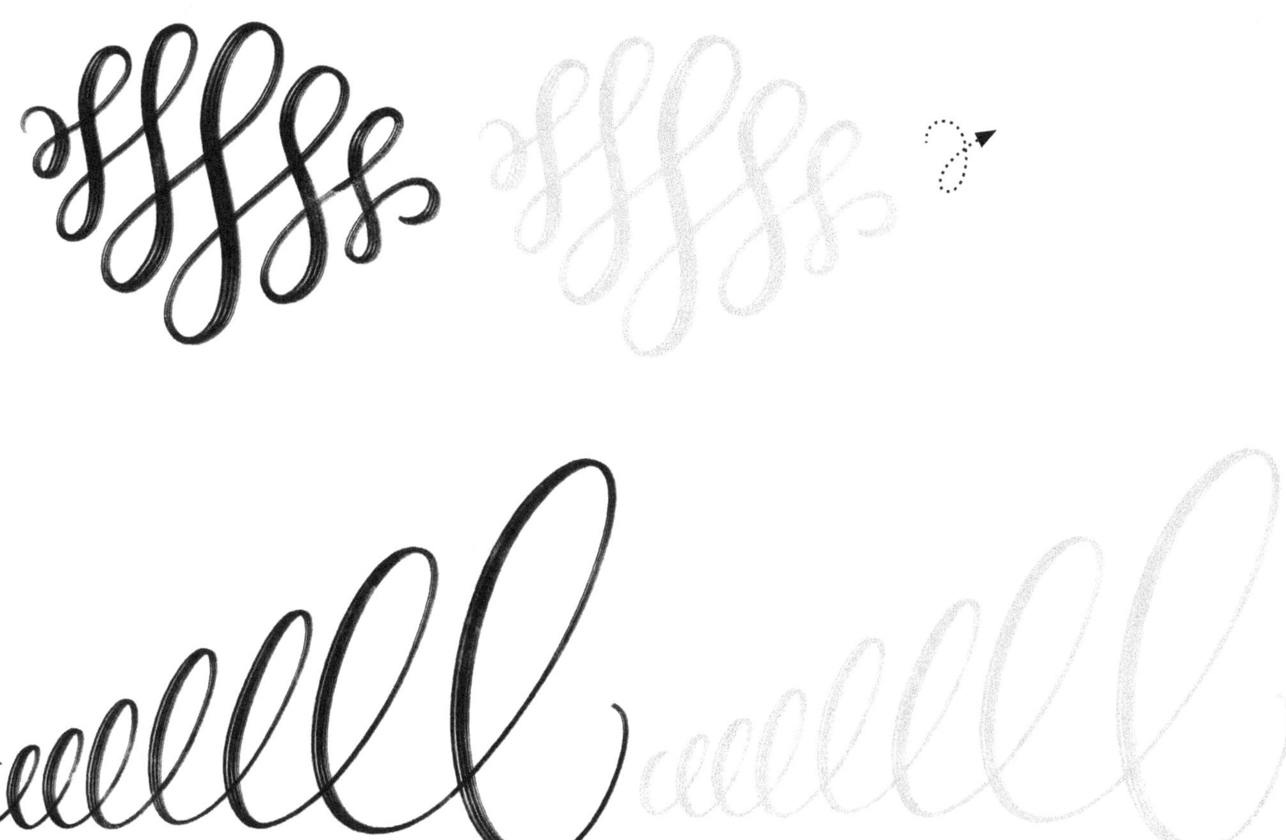

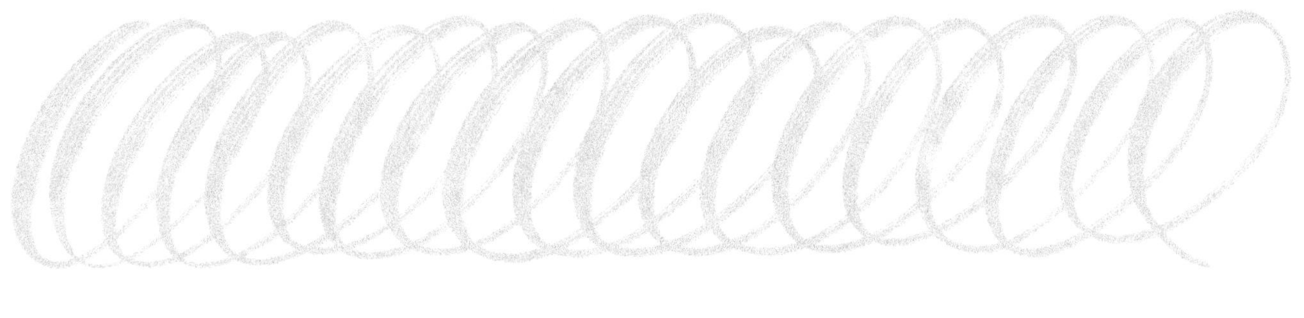

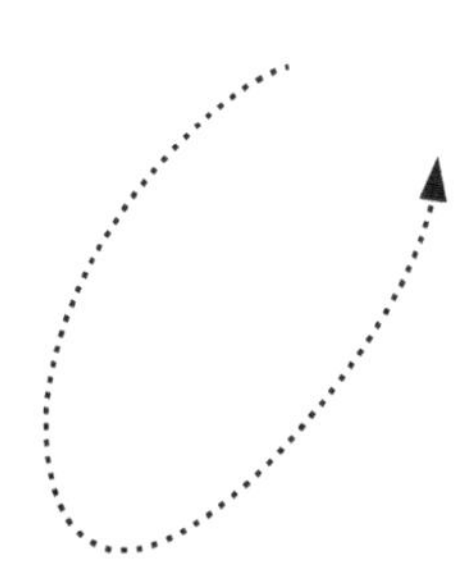

ALPHABET DE BASE AU STYLO PINCEAU

Commencez à vous entraîner maintenant en suivant les directions des traits.

ALPHABET DE BASE AU STYLO PINCEAU

Commencez à vous entraîner maintenant en suivant les directions des traits.

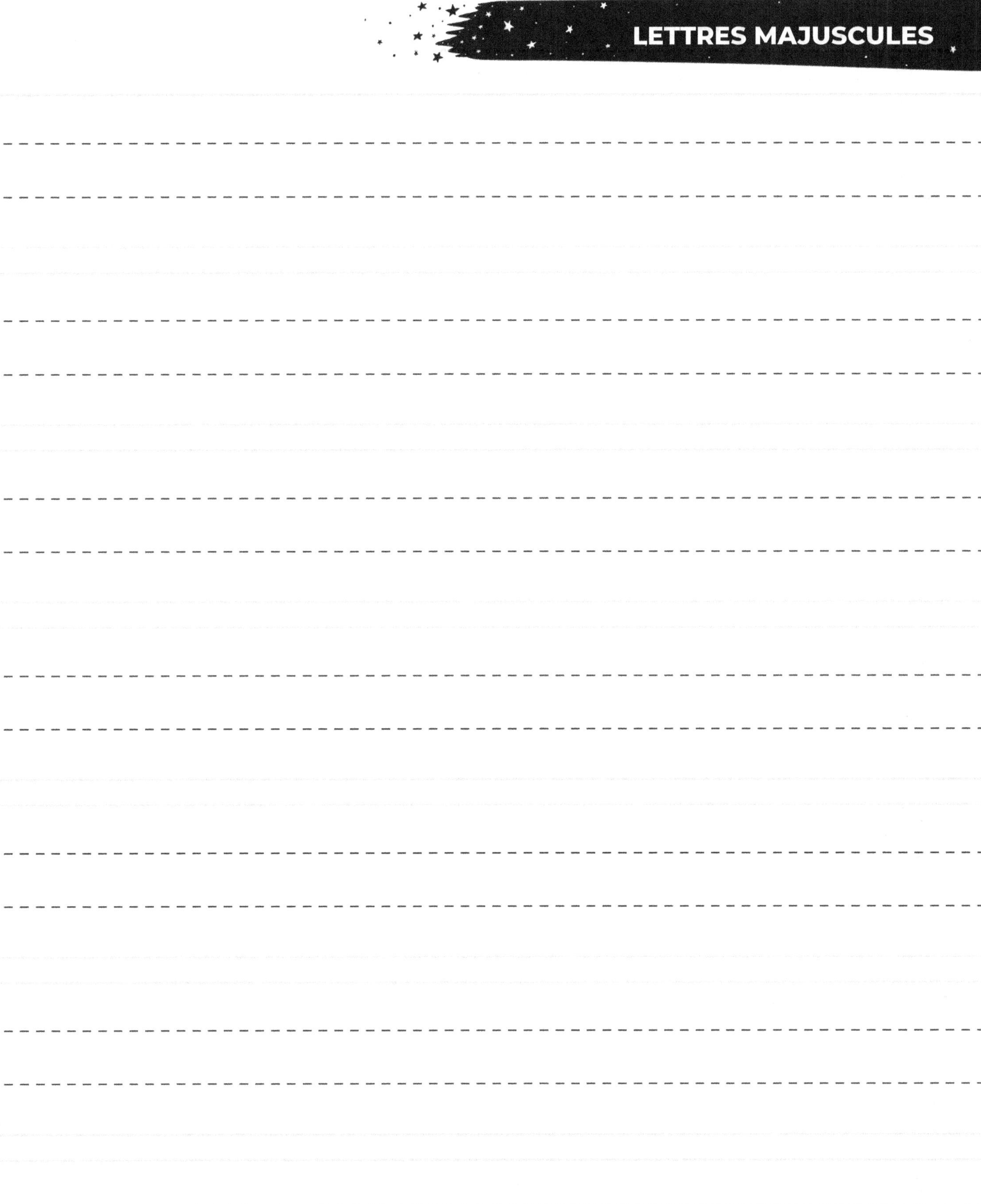

ALPHABET DE BASE AU STYLO PINCEAU

Commencez à vous entraîner maintenant en suivant les directions des traits.

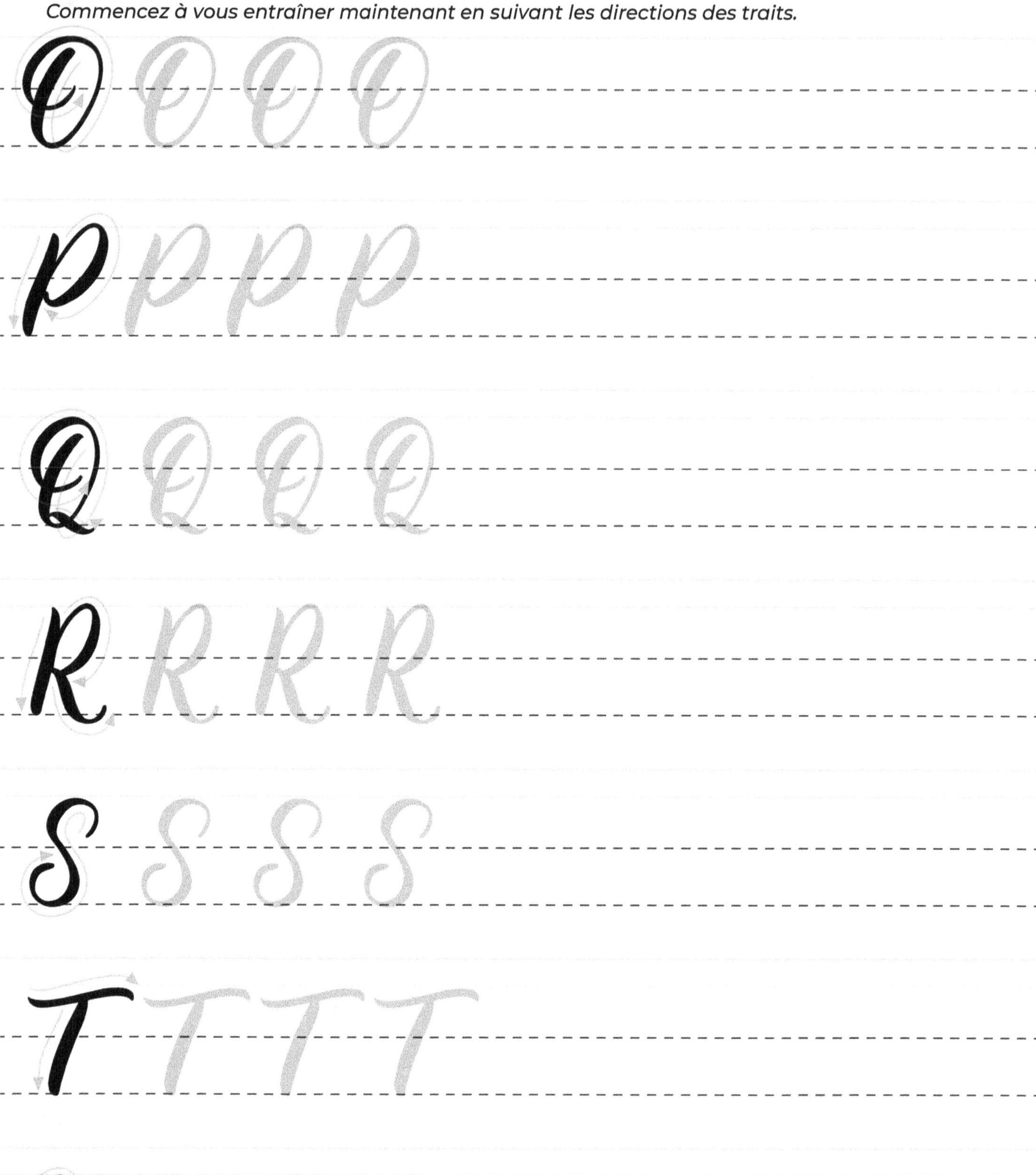

ALPHABET DE BASE AU STYLO PINCEAU

Commencez à vous entraîner maintenant en suivant les directions des traits.

LETTRES MAJUSCULES

ALPHABET DE BASE AU STYLO PINCEAU

Commencez à vous entraîner maintenant en suivant les directions des traits.

a a a a

b b b b

c c c c

d d d d

e e e e

f f f f

g g g g

ALPHABET DE BASE AU STYLO PINCEAU

Commencez à vous entraîner maintenant en suivant les directions des traits.

h h h h

i i i i

j j j j

k k k k

l l l l

m m m m

n n n n

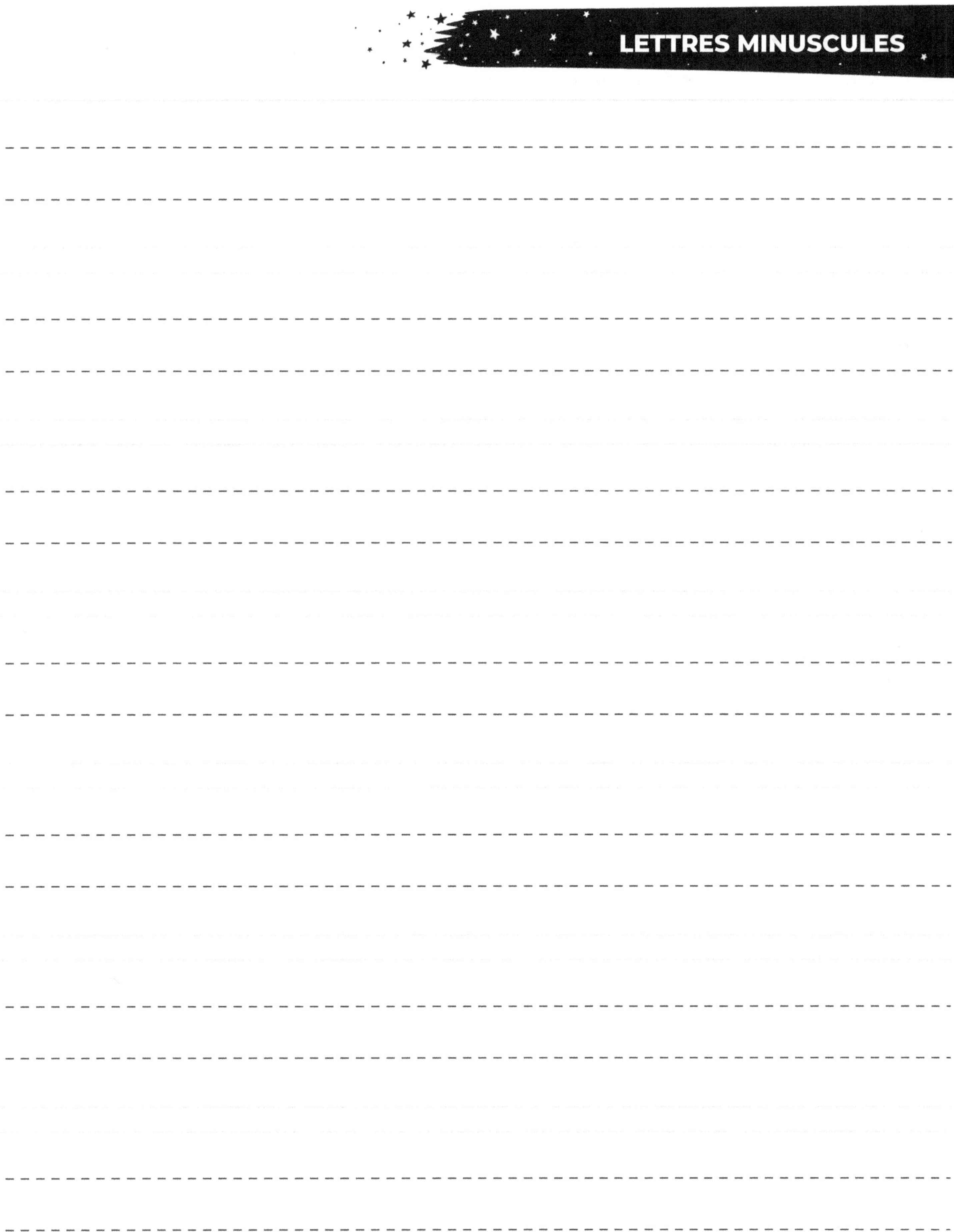

ALPHABET DE BASE AU STYLO PINCEAU

Commencez à vous entraîner maintenant en suivant les directions des traits.

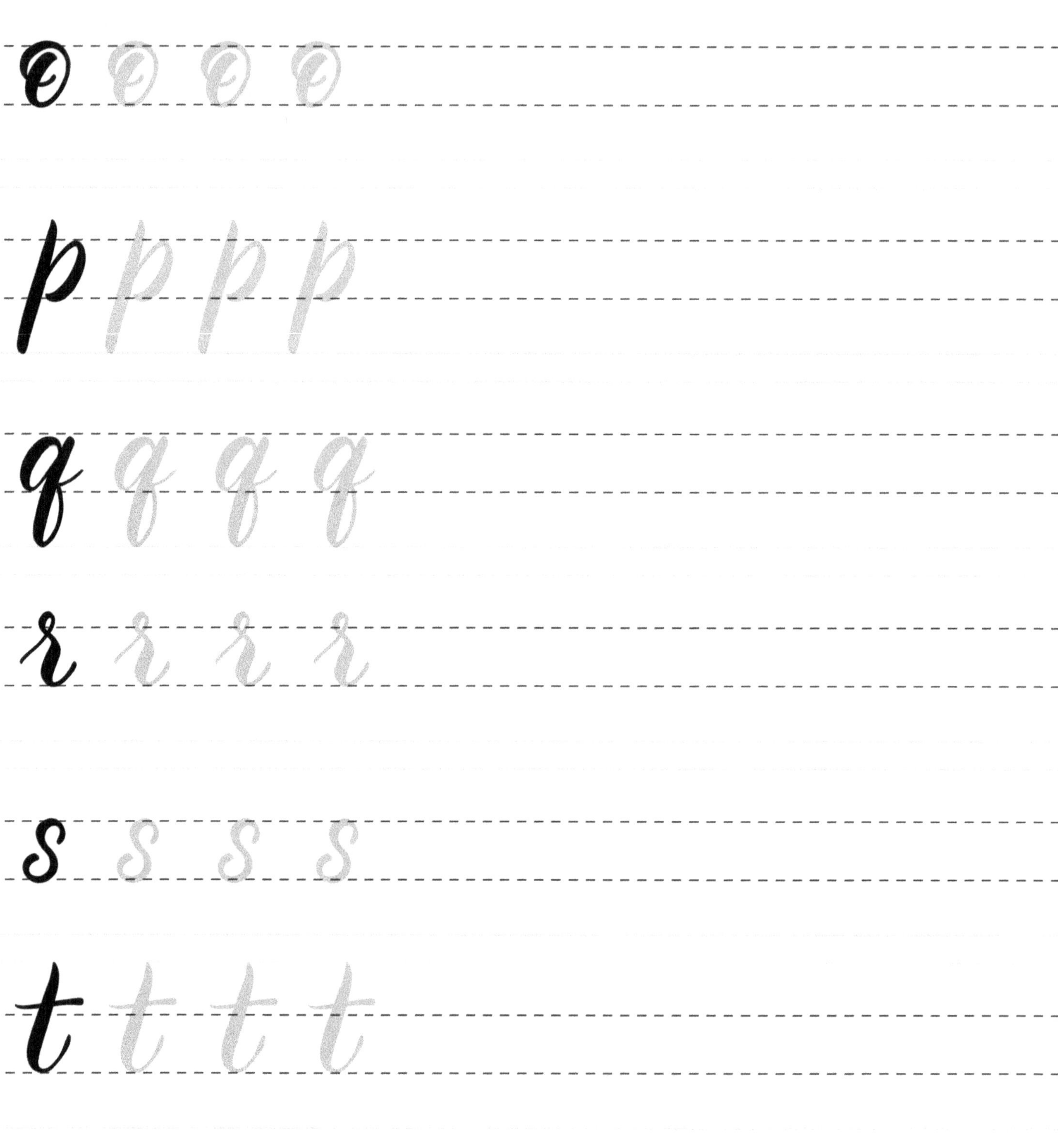

ALPHABET DE BASE AU STYLO PINCEAU

Commencez à vous entraîner maintenant en suivant les directions des traits.

v v v v

w w w w

x x x x

y y y y

3 3 3 3

Assemblage DE LETTRES

Vous avez déjà appris dans le chapitre sur les illusions d'optique que les lettres demandent plus de créativité que de compétences techniques. Si vous placez les lettres à la même distance à l'aide d'une règle, visuellement, l'ensemble n'aura pas l'air harmonieux car l'espacement entre les lettres ne sera pas égal en volume.

Le crénage permet de compenser les différences d'espacement visuel.

LT LT

Le crénage est le réglage de la distance entre une paire de caractères donnée.

TRAVAIL TRAVAIL

Le traçage est l'ajustement de la distance entre tous les caractères.

minimum

minimum

minimum

En utilisant l'espacement des lettres, vous pouvez créer différentes ambiances et obtenir différents effets visuels.
Vous pouvez modifier le poids visuel d'un mot dans une composition.

Mais les lettres manuscrites sont suffisamment variées pour qu'il soit possible de compenser l'espace vide à l'intérieur d'un mot par la forme de la lettre. Vous pouvez le faire en utilisant des traits ou en arrangeant les éléments des lettres selon les besoins de la composition.

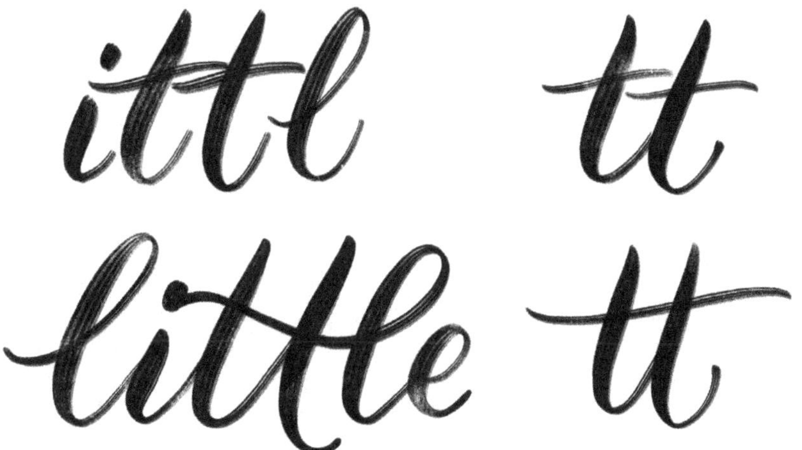

Certains éléments, au contraire, peuvent être trop proches et perturber la composition. Dans ce cas, il est courant d'utiliser une ligature.

Une ligature est un signe formé par la combinaison de deux ou plusieurs lettres.

Il existe de nombreux types de ligatures - vous pouvez même en créer une vous-même. Il suffit de composer les lettres et de les tisser ensemble, mais en veillant à leur lisibilité.

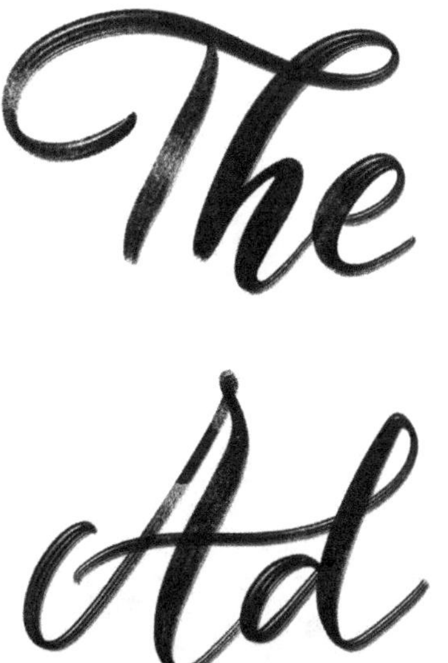

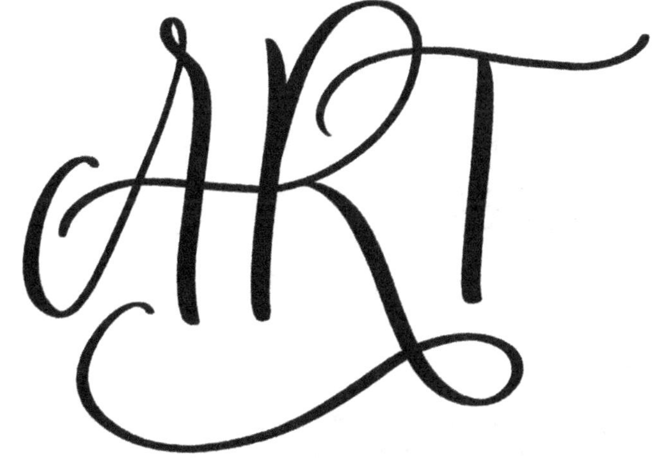

Échauffez-vous avec des exercices chaque fois que vous commencez à écrire.

Practica la escritura de palabras: sigue las pautas y utiliza el espacio en blanco para practicar

Amour

Rêve

Créer

Ours

Pomme

Sucré

Boisson

LETTRES DE BASE AU STYLO-BROSSE

Practica la escritura de palabras: sigue las pautas y utiliza el espacio en blanco para practicar

Content

Travail

Fille

Danse

Vie

Chien

Joie

LETTRES DE BASE AU STYLO-BROSSE

Practica la escritura de palabras: sigue las pautas y utiliza el espacio en blanco para practicar

Bonjour

Allez

Début

Drôle

La lune

Maison

Chat

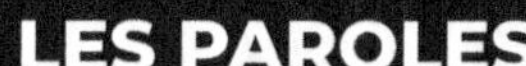

Fausse CALLIGRAPHIE

Pour cette pratique, la meilleure solution est un crayon ou un liner, mais n'hésitez pas à utiliser tout type d'ustensile d'écriture - marqueurs, craie, stylos ou peinture.

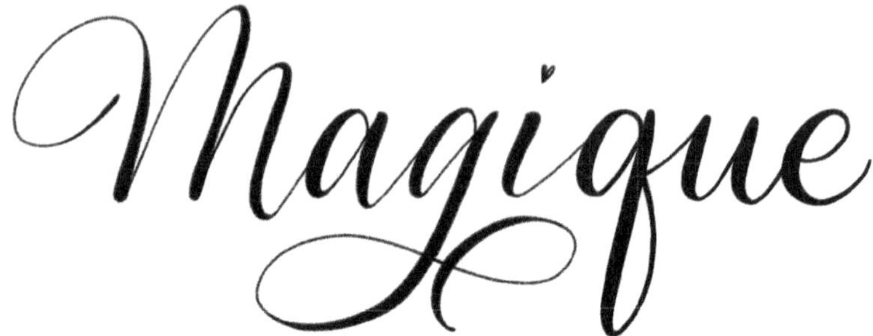

Magique

La fausse calligraphie est la création de lettres calligraphiques avec un outil non calligraphique. Vous savez déjà comment tracer des lignes avec ou sans pression avec un stylo plume. L'étape suivante consiste à créer l'imitation de la pression en dessinant avec de l'épaisseur. Cette méthode est idéale pour les compositions de lettres. Si vous voulez écrire avec de la calligraphie classique, il vaut mieux bien sûr utiliser des outils classiques. Mais le dessin de calligraphie est un moyen amusant et facile de passer plus de temps à réfléchir à la composition des traits et à la mise en page du lettrage.

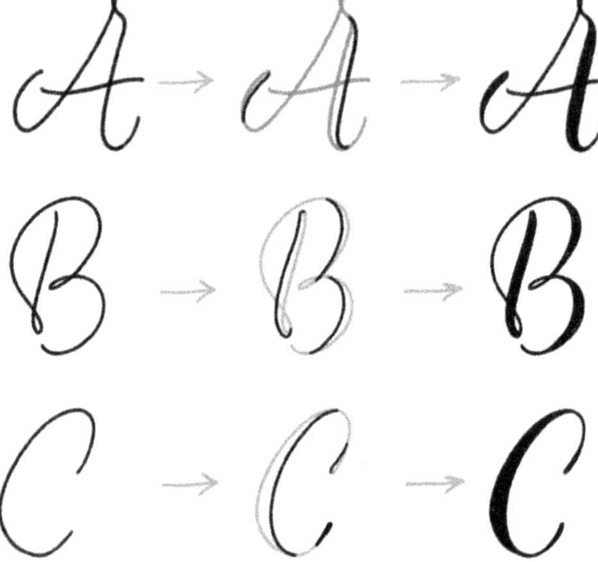

L'épaisseur doit être ajoutée de manière à ne pas perturber l'espace à l'intérieur des lettres. Veillez à laisser suffisamment d'espace pour le chevauchement entre les lettres.

Dessinez ces chevauchements dans les traits vers le bas. Faites en sorte que les épaisseurs augmentent et diminuent en douceur, sans transitions brusques.

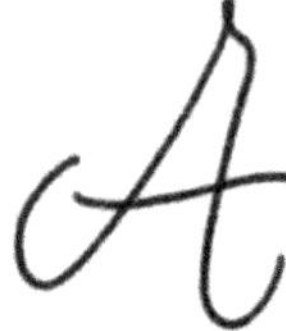
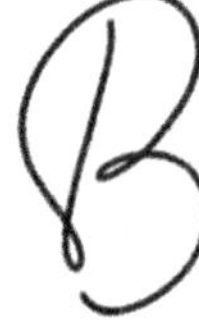
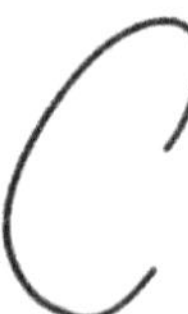

A B C D E F G
H I J K L M N
O P Q R S T U
V W X Y Z

Redessinez ce lettrage.

A B C D E F G
H I J K L M N
O P Q R S T U
V W X Y Z

FAUX CALLIGRAPHY

Redessinez ce lettrage.

Gardez la même épaisseur dans vos traits du bas.

Essayez de remplir les traits principaux avec de la texture.

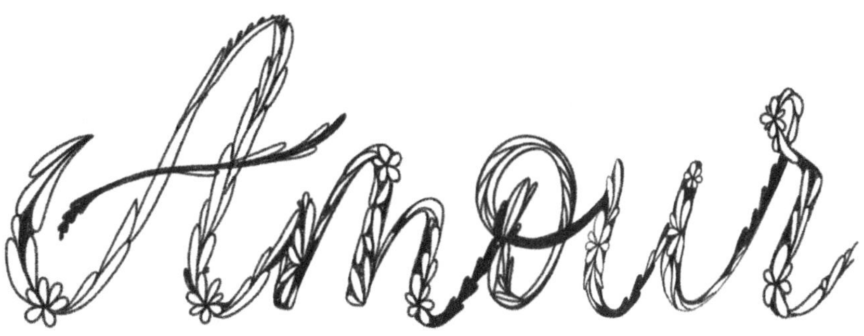

Styles DE LETTRAGE

La première étape pour apprendre la calligraphie est l'apprentissage des alphabets.
Mais plus tard, vous serez capable de créer vos propres règles pour les lettres.
Ces règles comprennent :

L'angle d'inclinaison ————————————————————————————————

Proportions ——

Contraste ——

Style des traits ou des empattements ——————————————————

Une fois que vous avez décidé de ces paramètres, vous pouvez écrire votre propre alphabet. Lorsqu'il s'agit de créativité, il n'y a pas de limite!

Combien de façons différentes d'écrire la lettre A pouvez-vous imaginer? Dessinez-les vous-même!

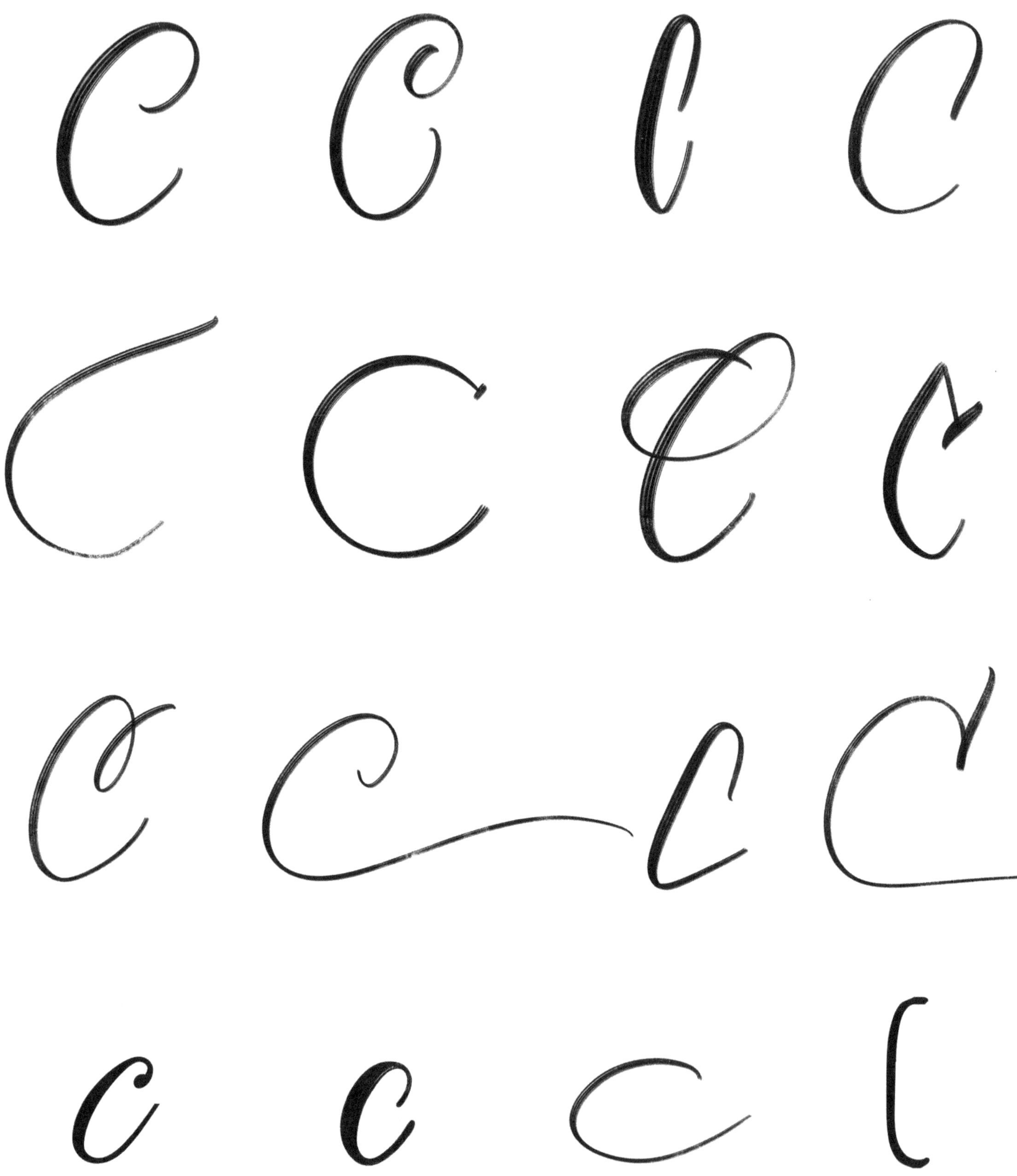

STYLES DE LETTRAGE

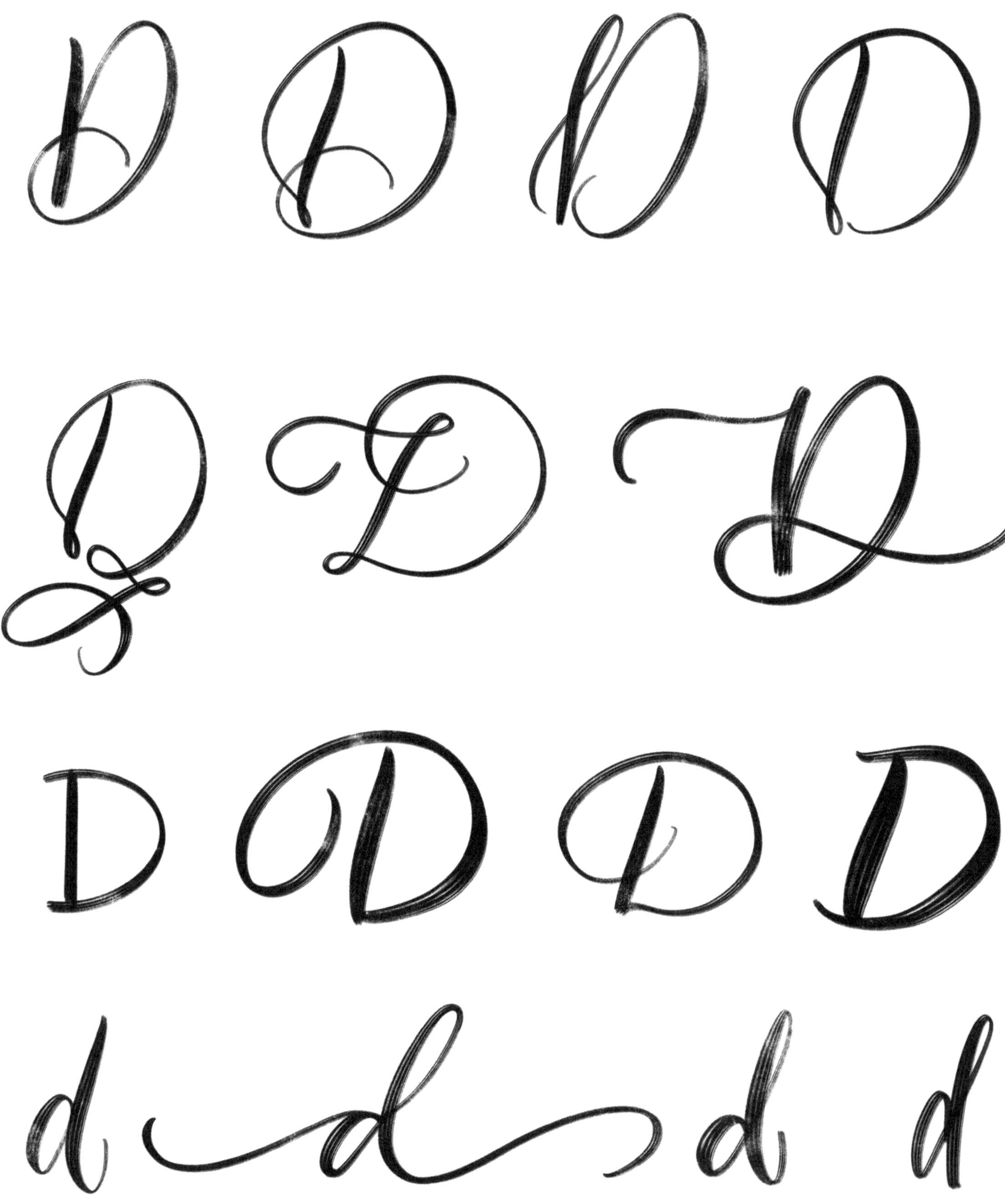

REDESSINEZ VOUS-MÊME

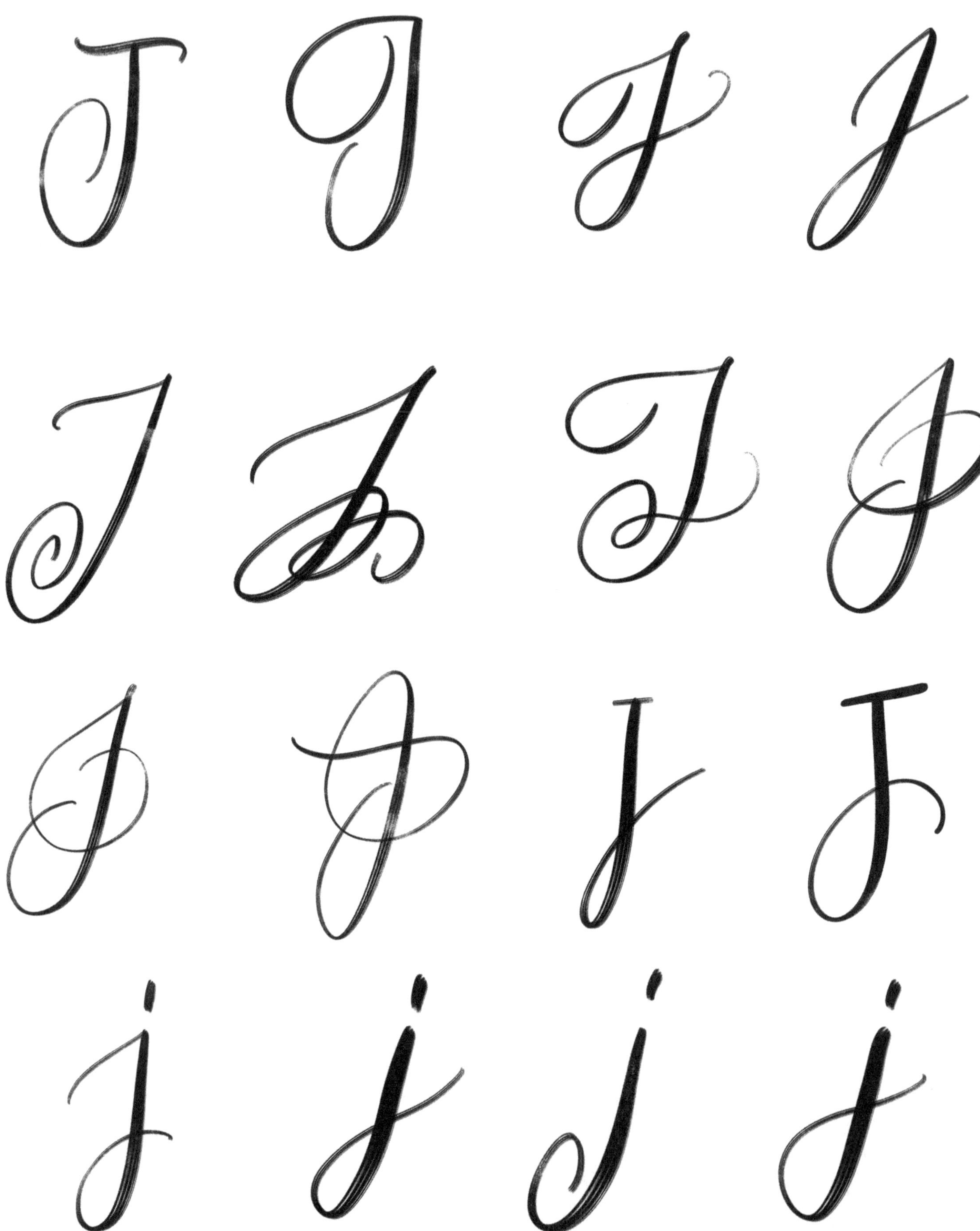

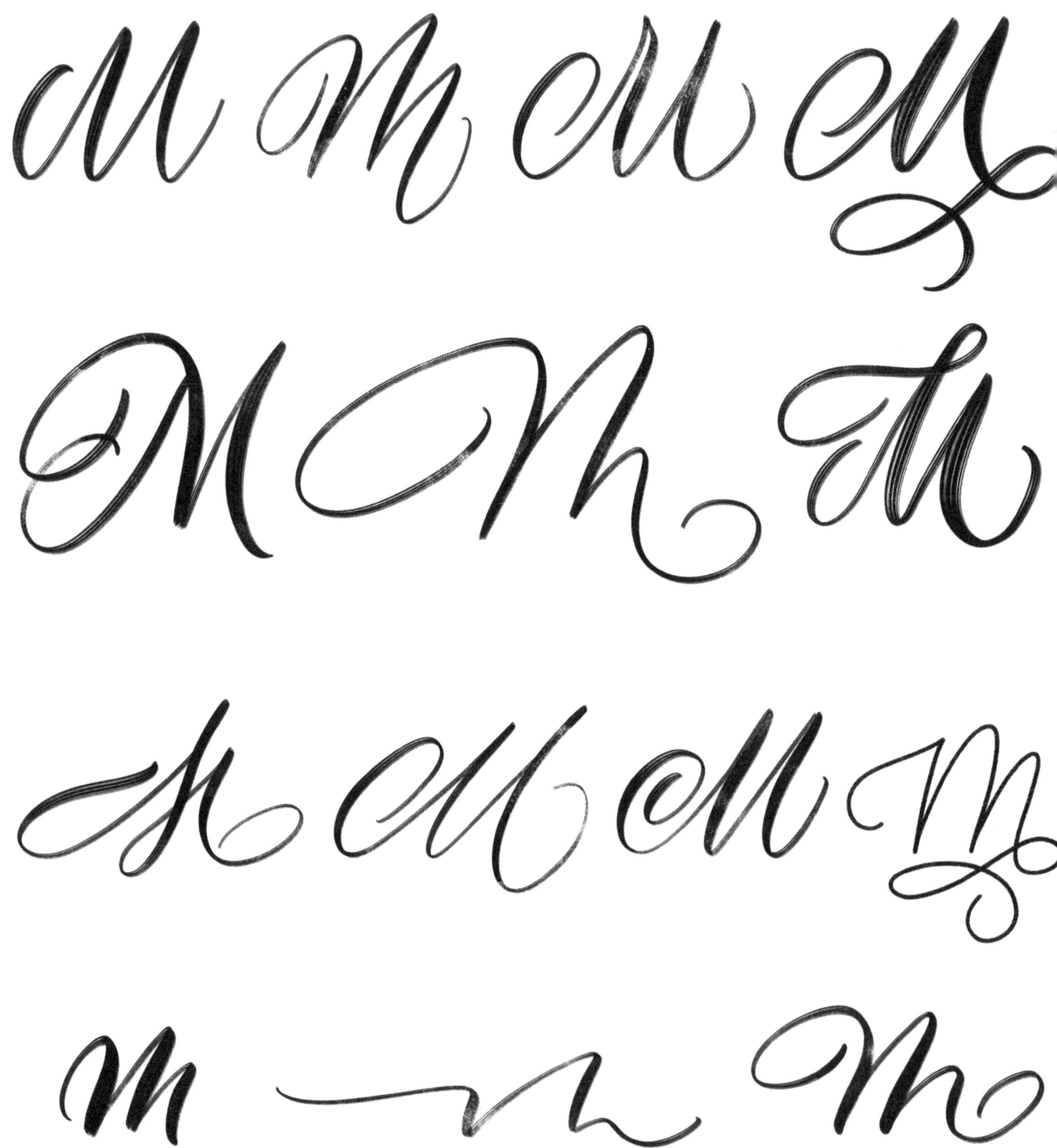

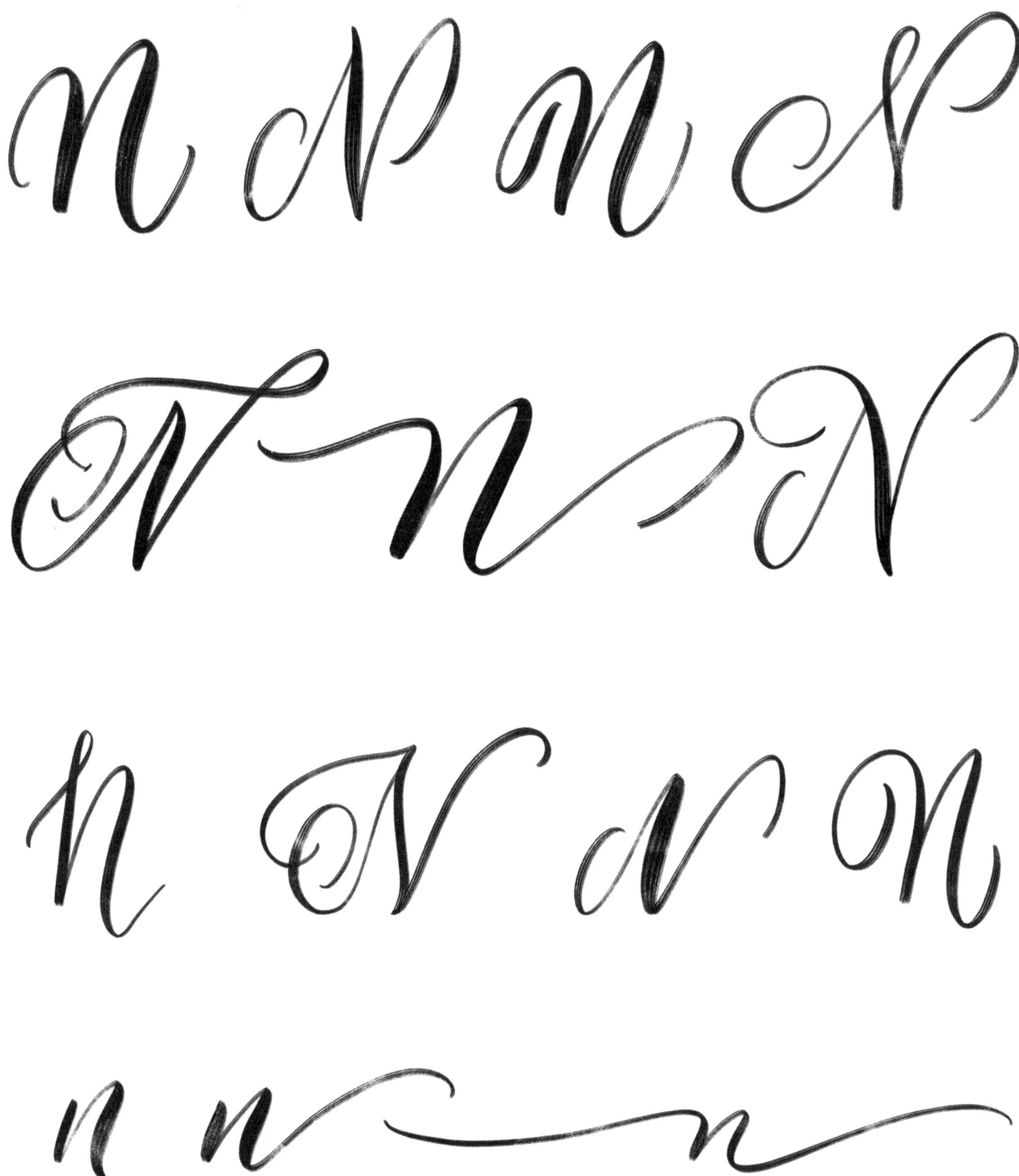

STYLES DE LETTRAGE

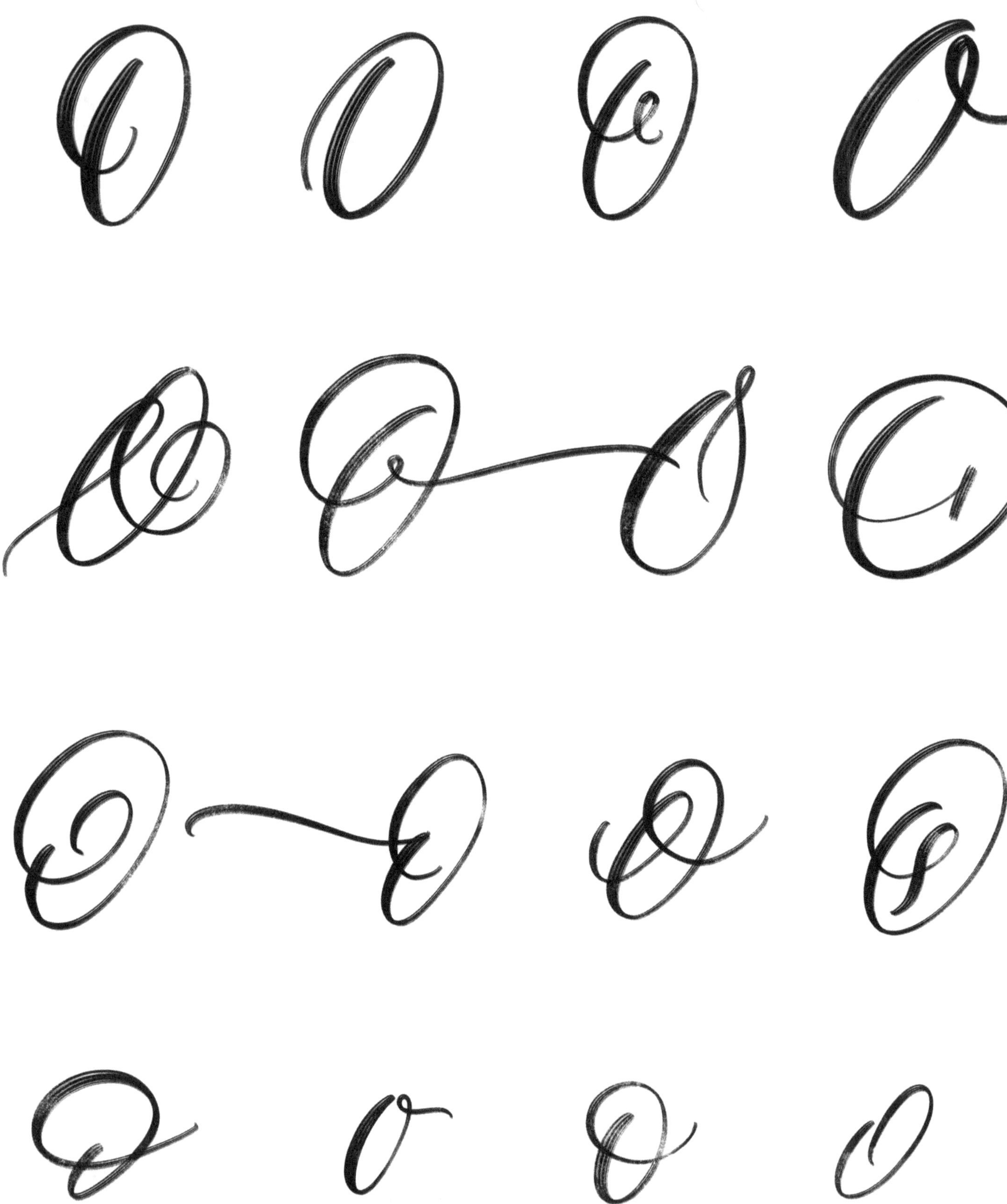

STYLES DE LETTRAGE

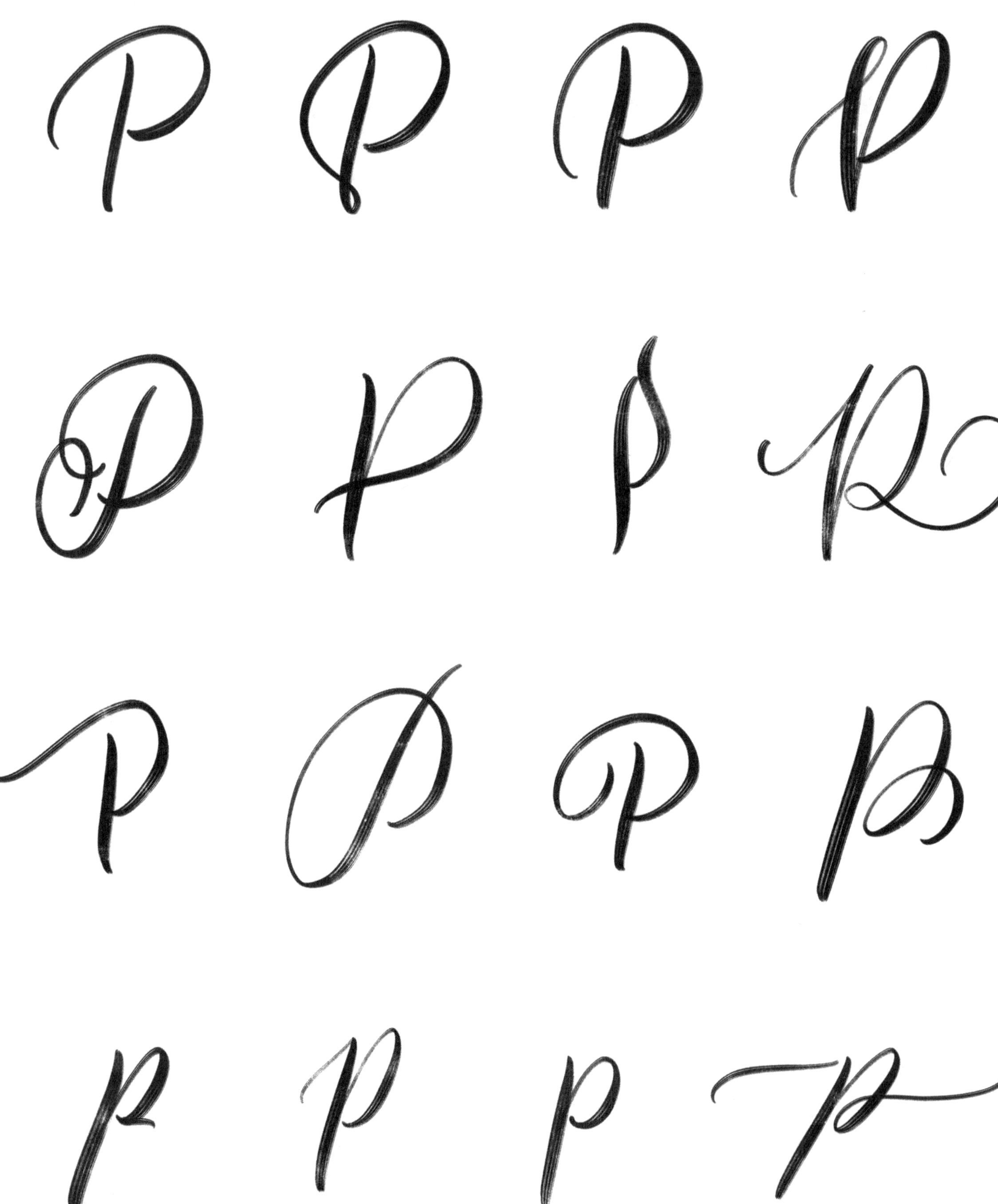

STYLES DE LETTRAGE

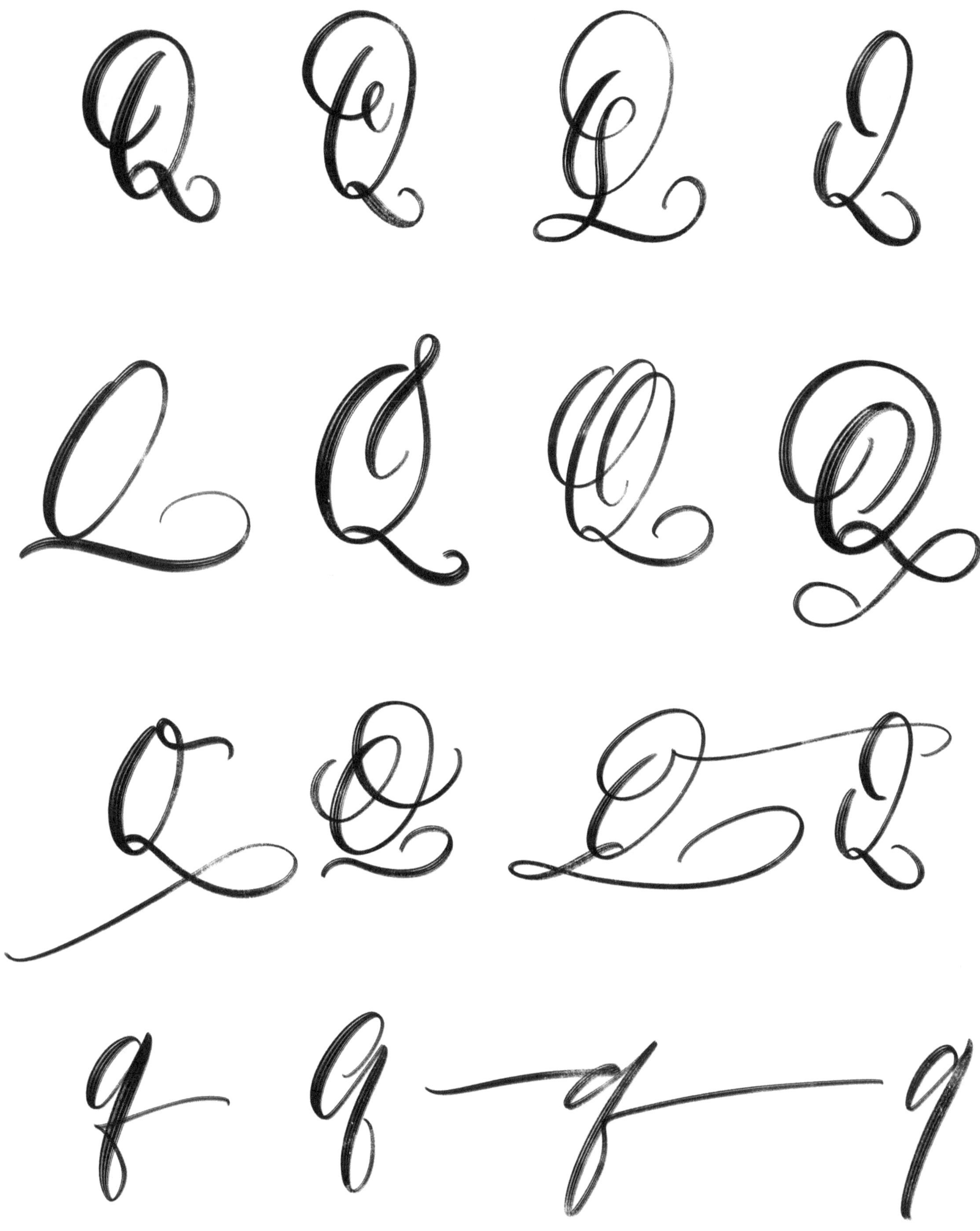

STYLES DE LETTRAGE

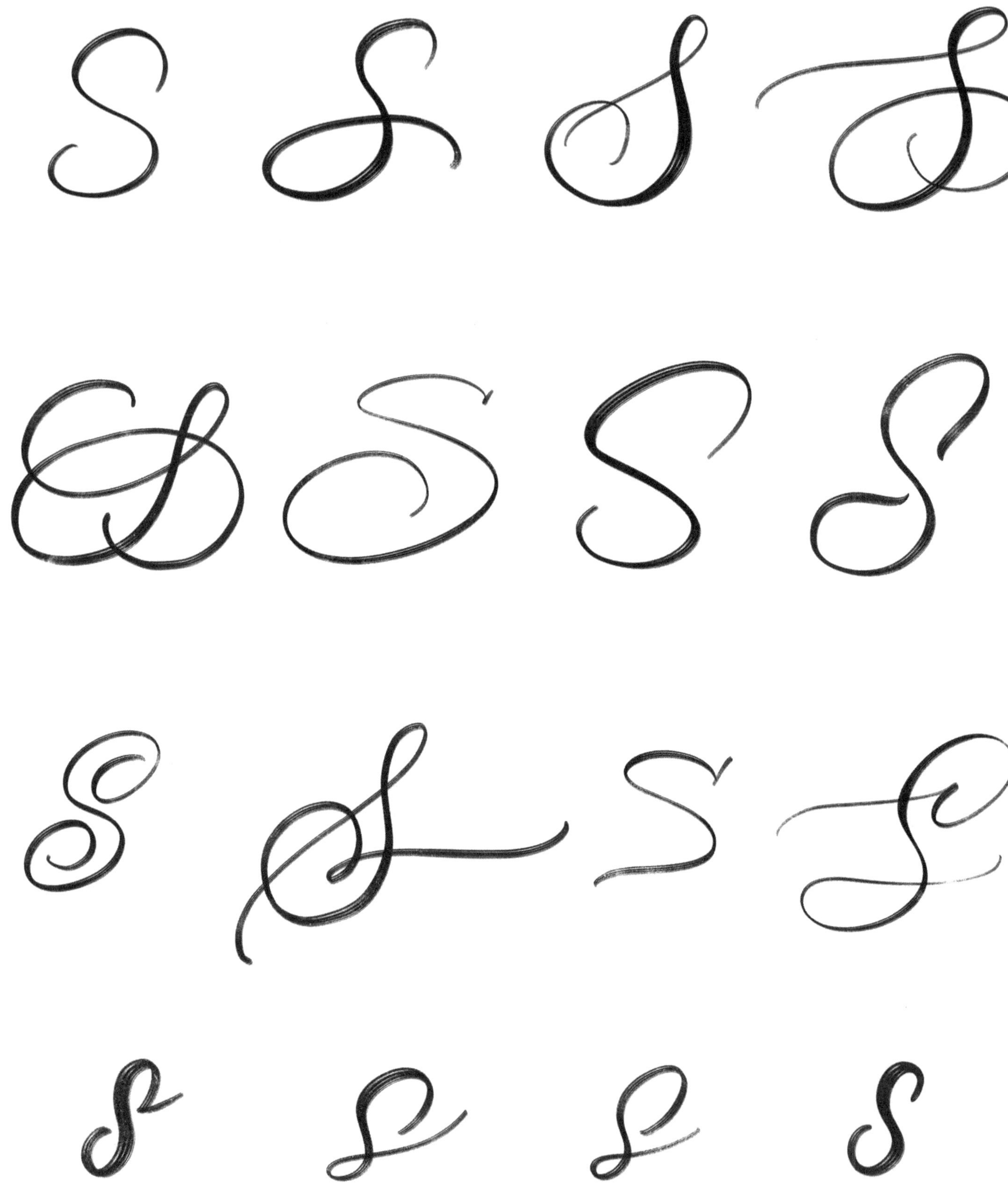

STYLES DE LETTRAGE

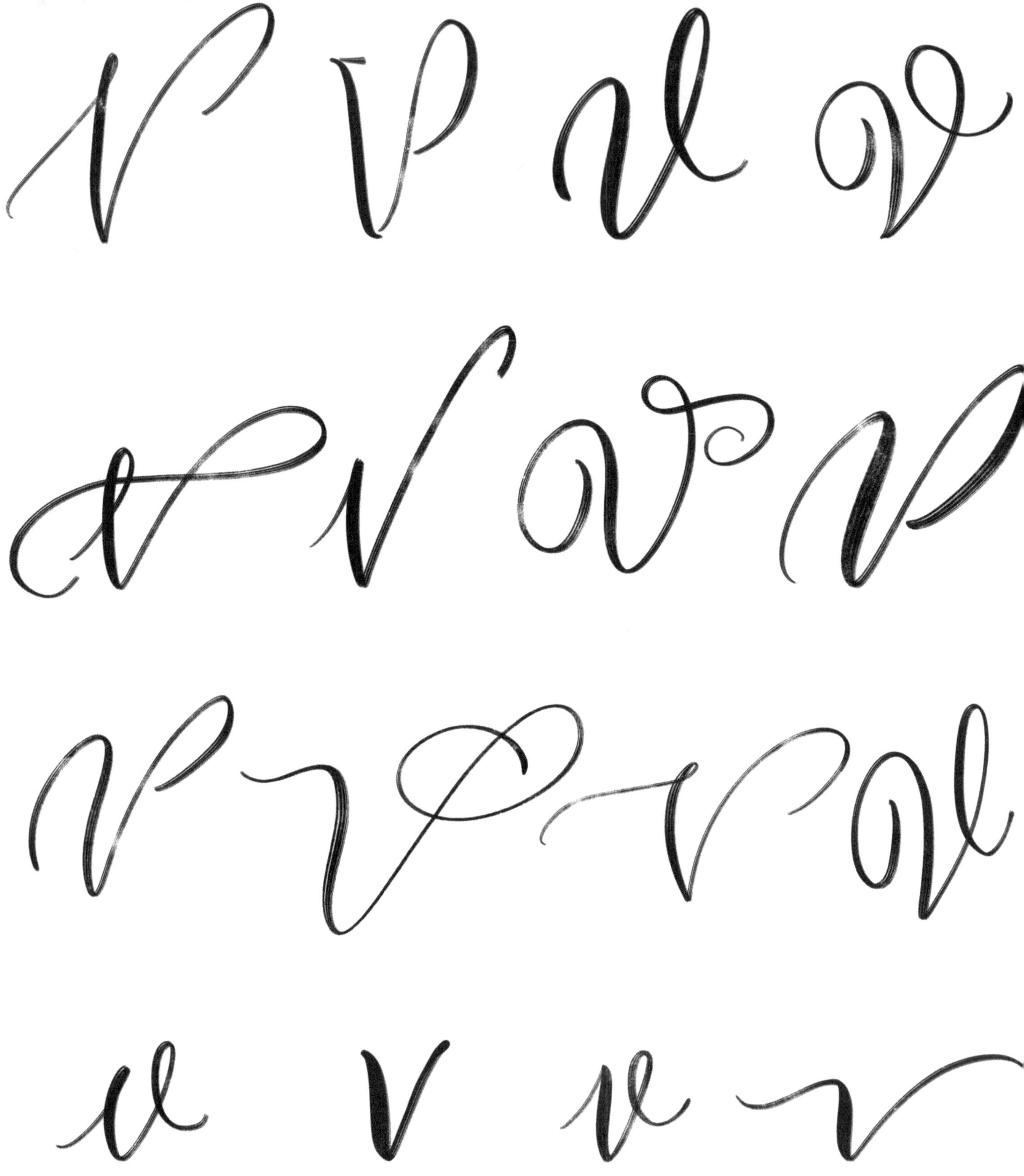

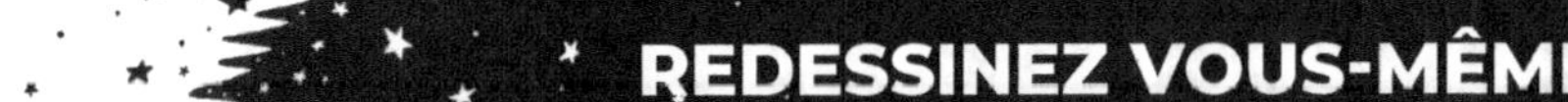

REDESSINEZ VOUS-MÊME

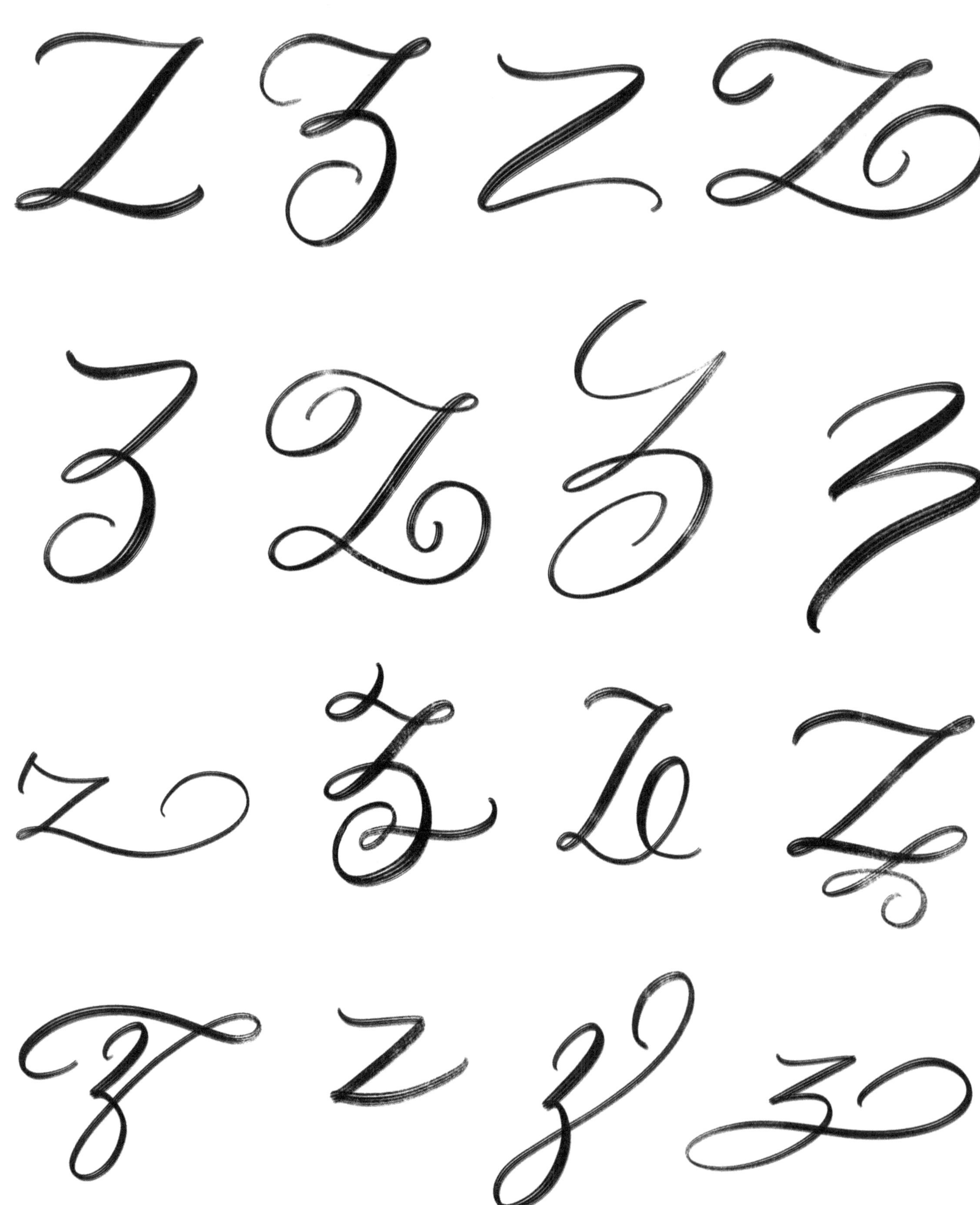

REDESSINEZ VOUS-MÊME

La composition
DU LETTRAGE

Les lettres sont fusionnées en mots ou en phrases pour former un seul point, à l'intérieur duquel s'appliquent les mêmes lois de composition, comme dans toute autre image artistique.

La composition est harmonieuse et belle si les éléments à l'intérieur ne sont pas divisés en parties et sont reliés par une règle quelconque. Cela peut être l'utilisation d'une grille de composition, la symétrie, le rythme des différents éléments.

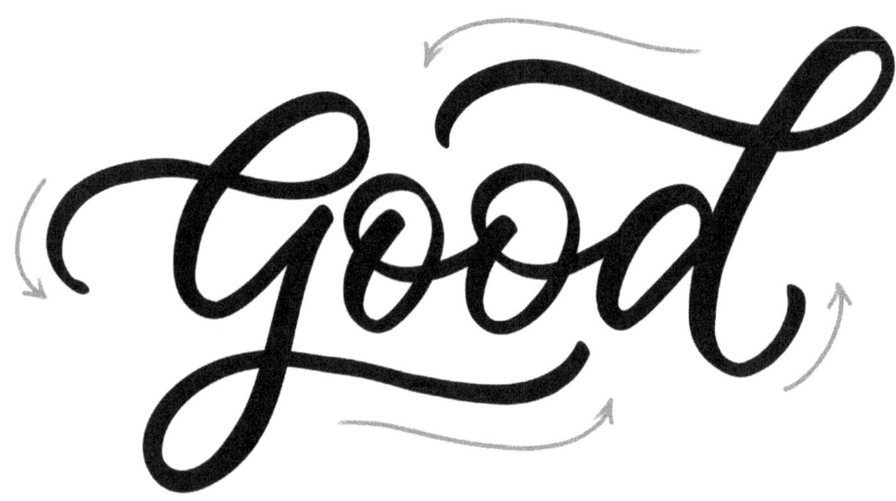

Commencez à réfléchir à la composition en faisant quelques croquis simples.

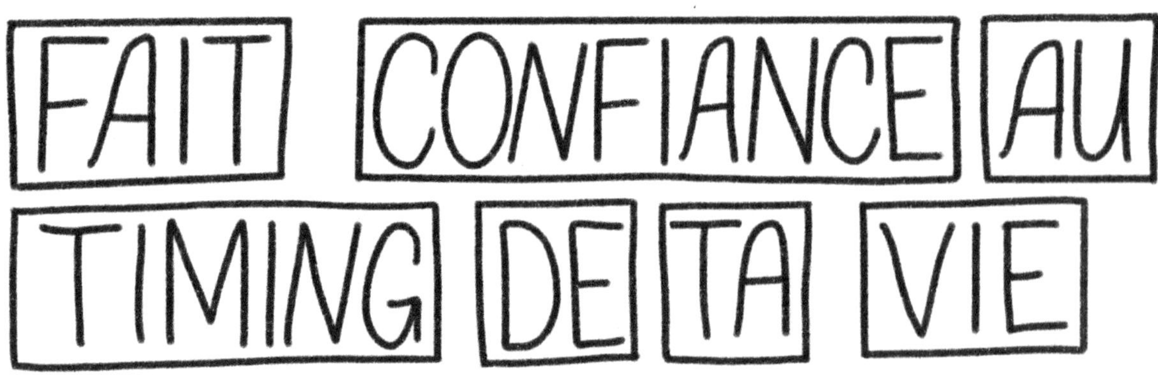

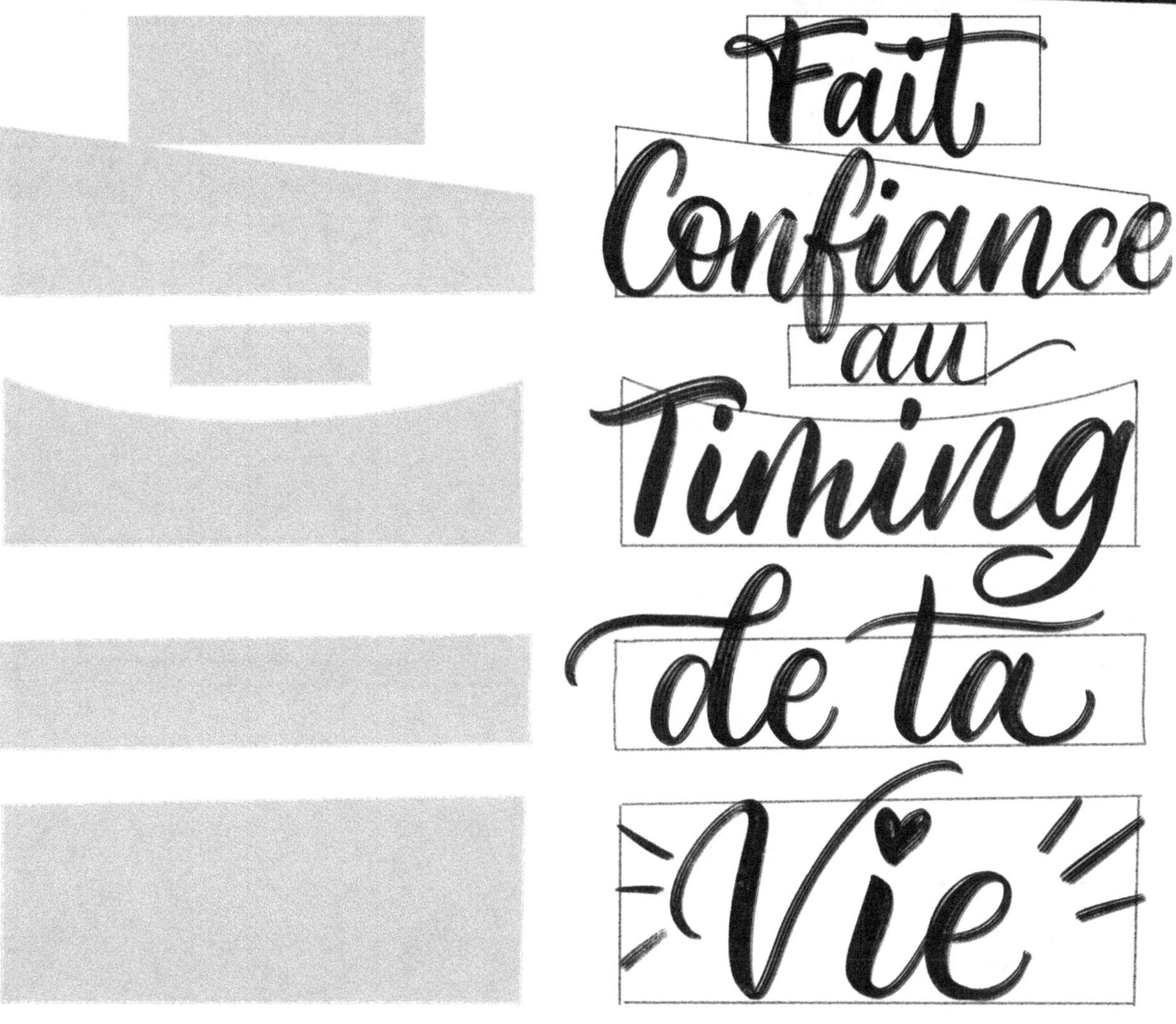

Utilisez ces schémas pour créer de nouvelles compositions de lettrage.

LA COMPOSITION DU LETTRAGE

Utilisez des formes géométriques dans lesquelles les mots seront ensuite inscrits.

CONCENTRE-TOI SUR LE BIEN

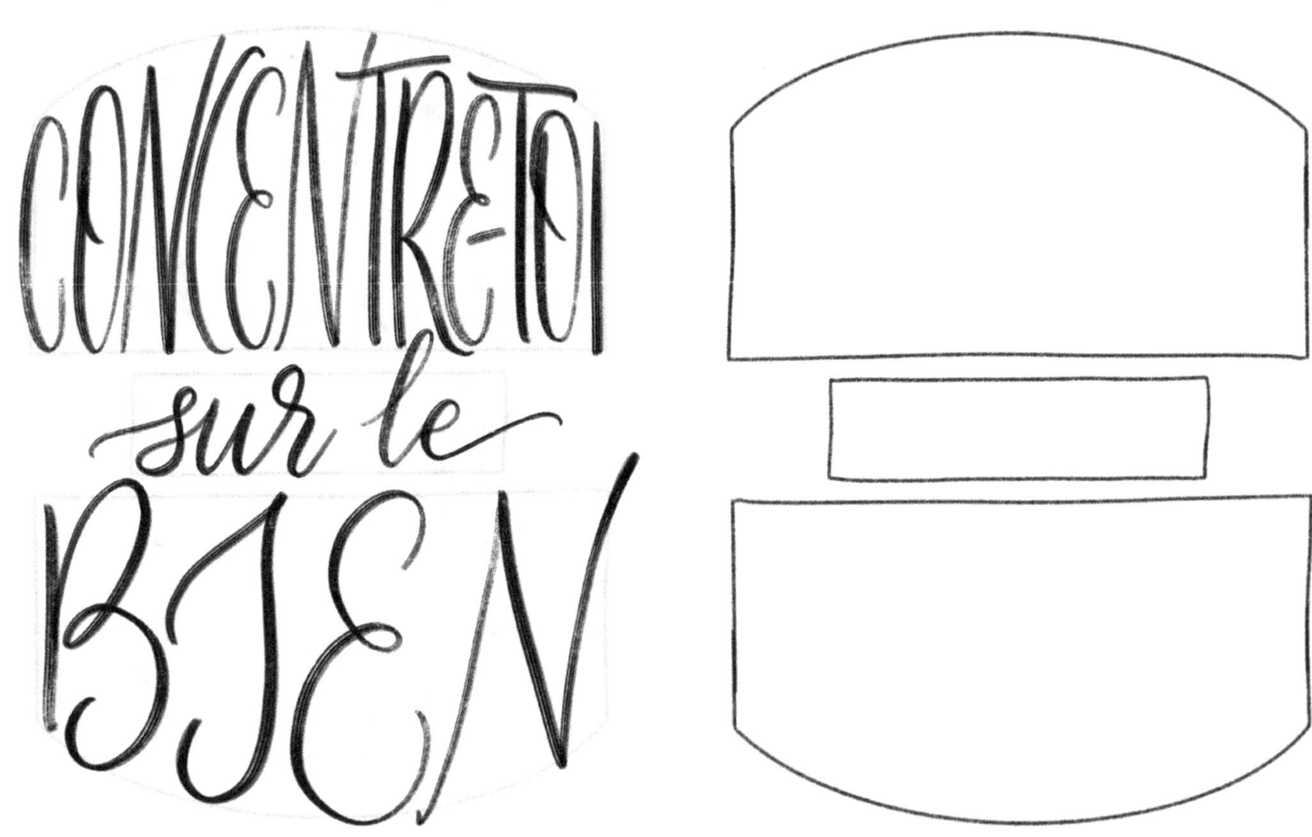

PAS DE RISQUE, PAS D'HISTOIRE

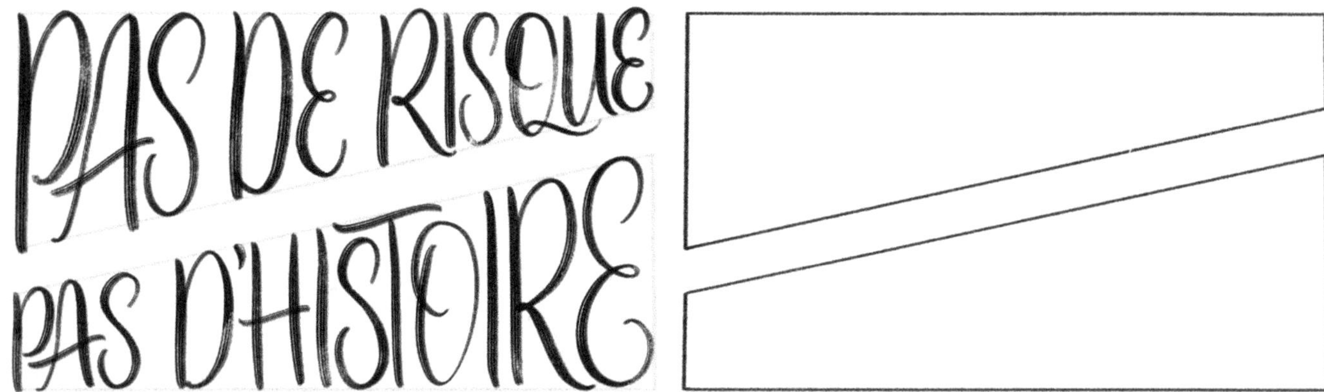

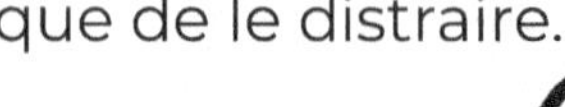Éléments **DÉCORATIFS**

Différentes images peuvent être ajoutées à une composition de mots.
Petites décorations ou grandes illustrations. Gardez un œil sur la hiérarchie de la composition - déterminez ce qui est primaire et ce qui est secondaire. Attribuez des accents de manière à ce qu'ils fassent passer le message au spectateur plutôt que de le distraire.

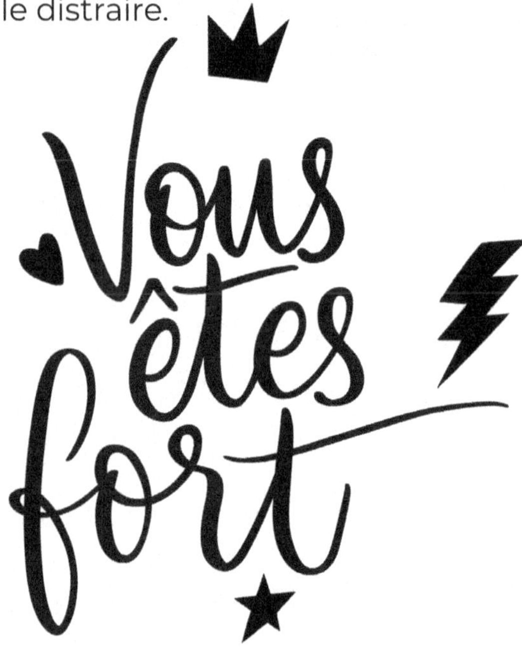

Écrivez les mots en plusieurs variantes et notez les différentes façons d'écrire les lettres qui composent la composition. Trouvez les particularités qui apparaissent lorsque les lettres sont placées ensemble comme dans votre propre cas.
Vous pouvez également ajouter du volume, de l'ombre ou de la texture aux lettres. Les lettres peuvent être si différentes et variées !

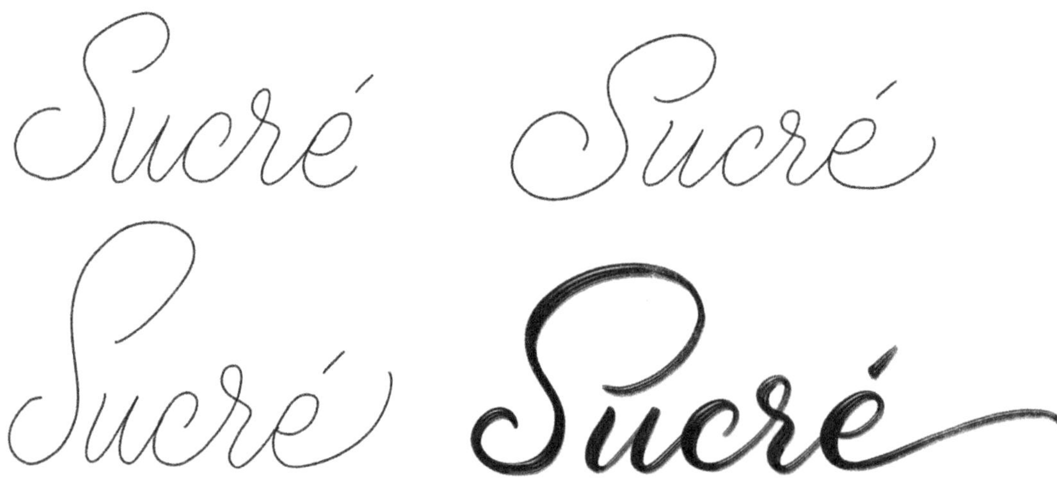

Liberté DE CRÉATION

Les lettres offrent une marge de manœuvre illimitée à la créativité !
Inspirez-vous de nouvelles idées et créez de nouveaux styles de lettres.
Et n'oubliez pas de prendre du temps pour la pratique quotidienne!

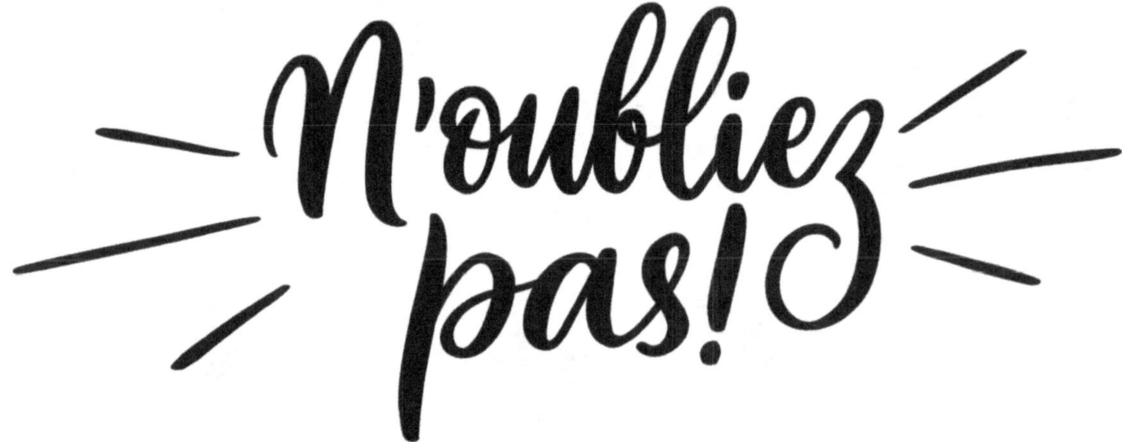

Utilisez de beaux lettrages dans votre vie de tous les jours - signez des cartes,
des cadeaux ou des notes pour vos proches - et embellissez notre monde!

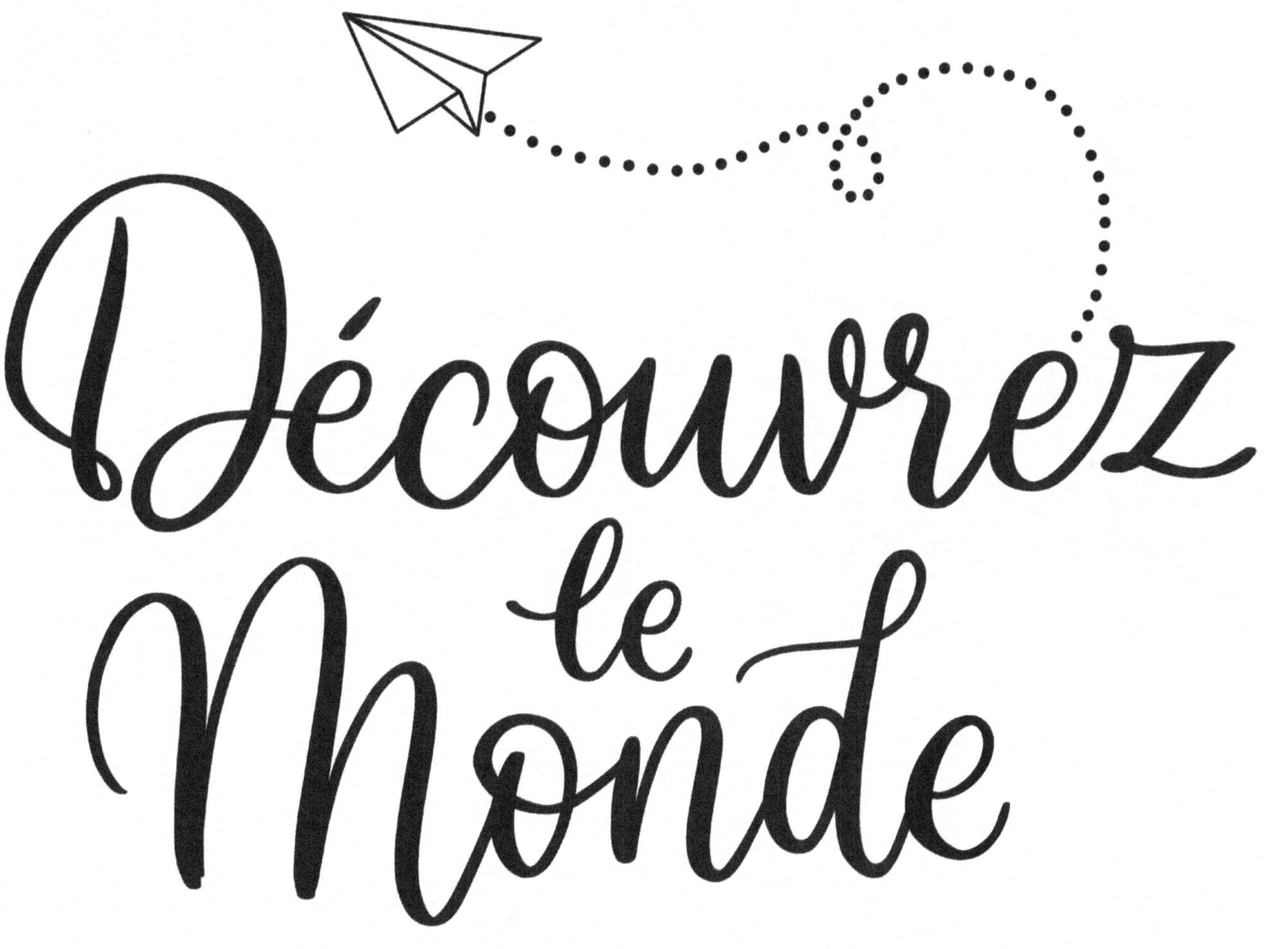
Découvrez le Monde

Profitez des petites choses

Redessinez vous-même ——————— Créez votre propre composition ———————

Un esprit heureux, une vie heureuse ——— Redessinez avec un exemple ———

Un esprit
heureux,
Une vie
heureuse

Redessinez vous-même ——————— Créez votre propre composition ———

Rêve en grand, Travaille dur

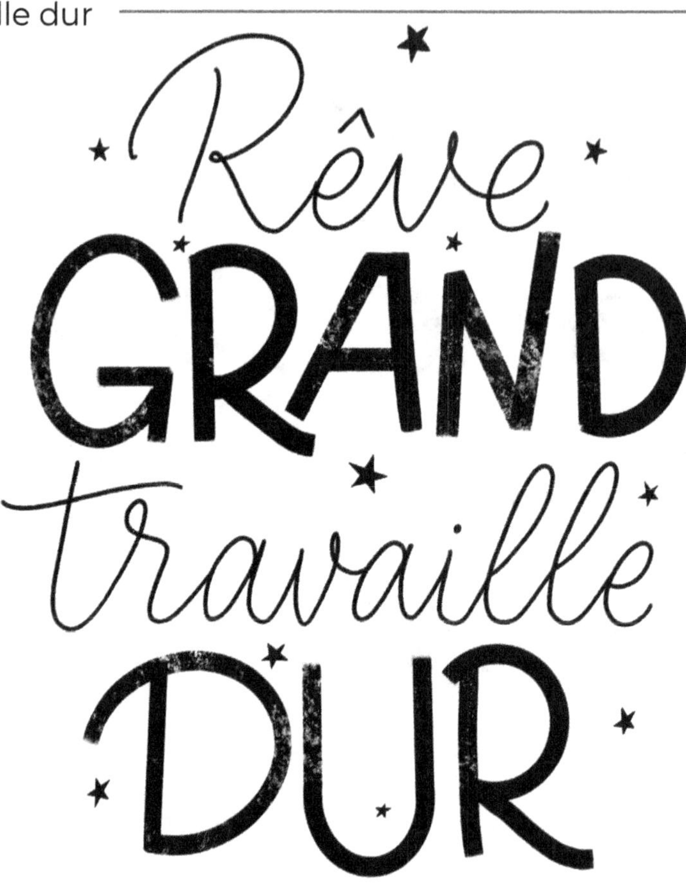

Redessinez avec un exemple

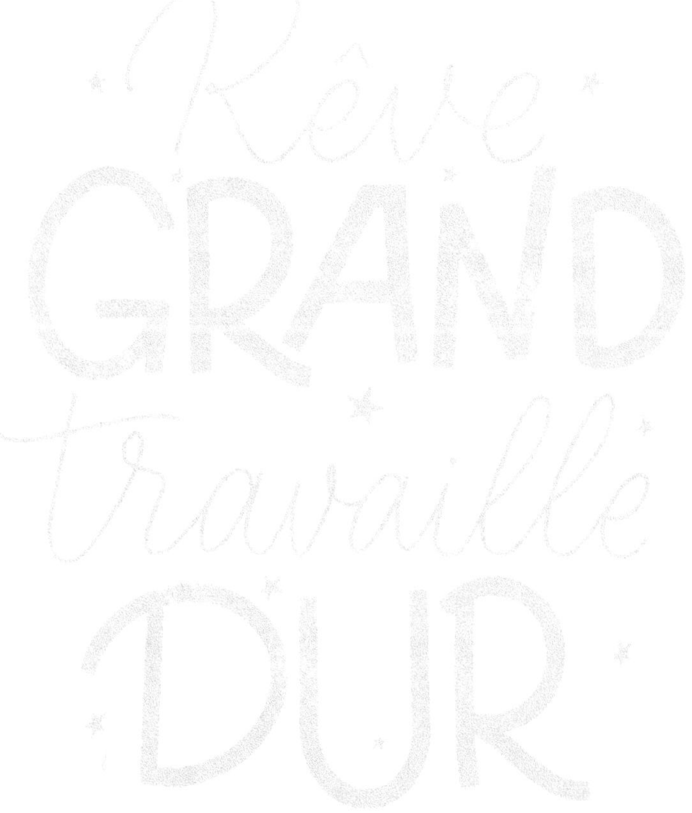

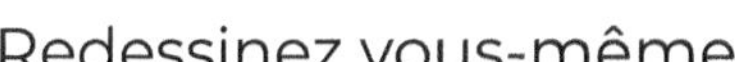

Redessinez vous-même ────

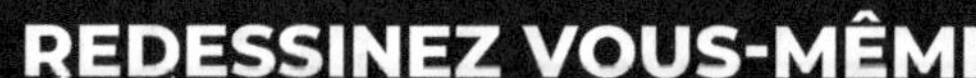

Créez votre propre composition ──────────────────────────────

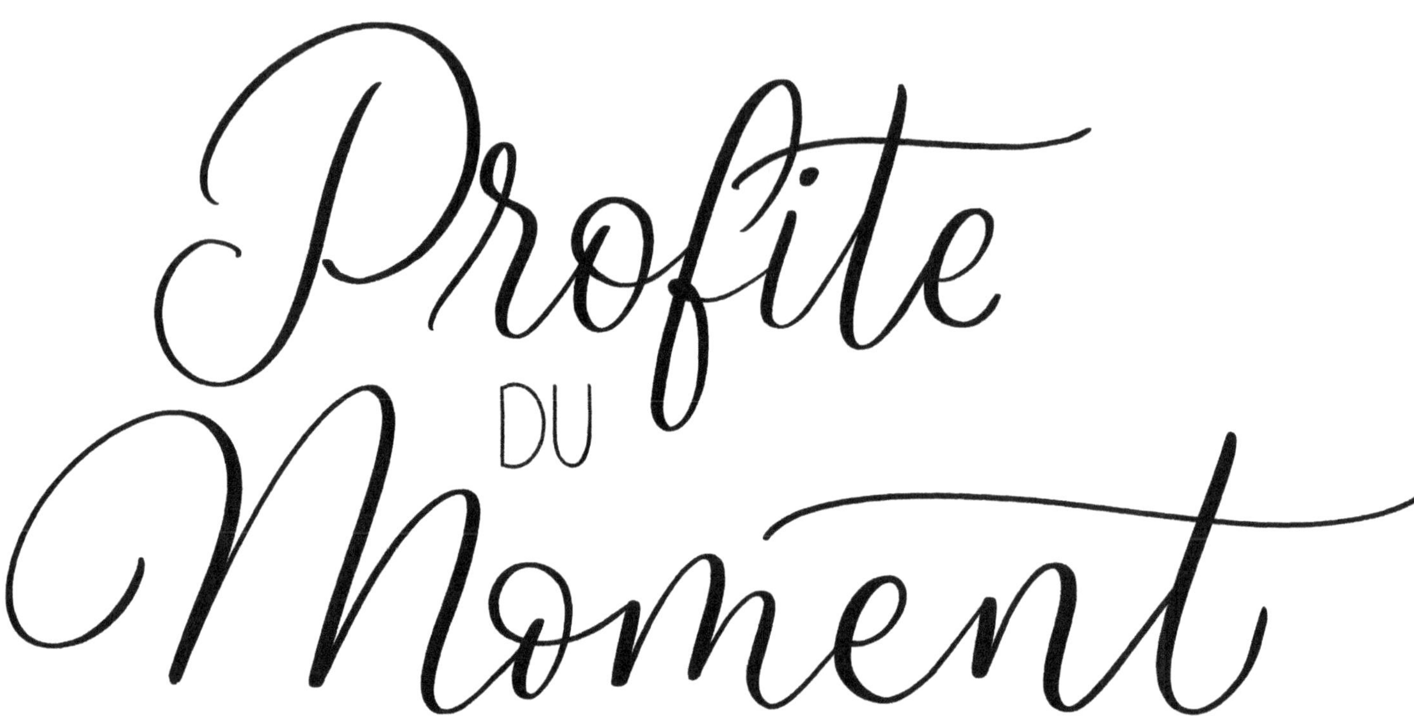

Redessinez avec un exemple

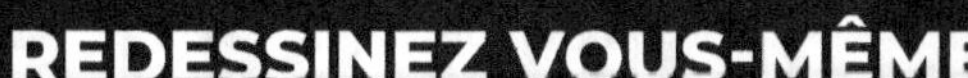

Redessinez vous-même ———

Créez votre propre composition ———

La normalité est ennuyeuse ——————— Redessinez avec un exemple ———

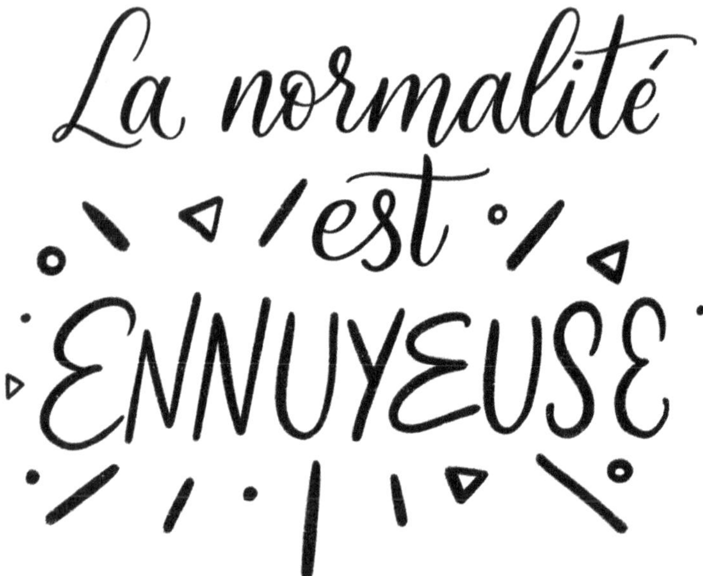

Redessinez vous-même ——————— Créez votre propre composition ———

Fais confiance au processus ———————— Redessinez avec un exemple ———

141

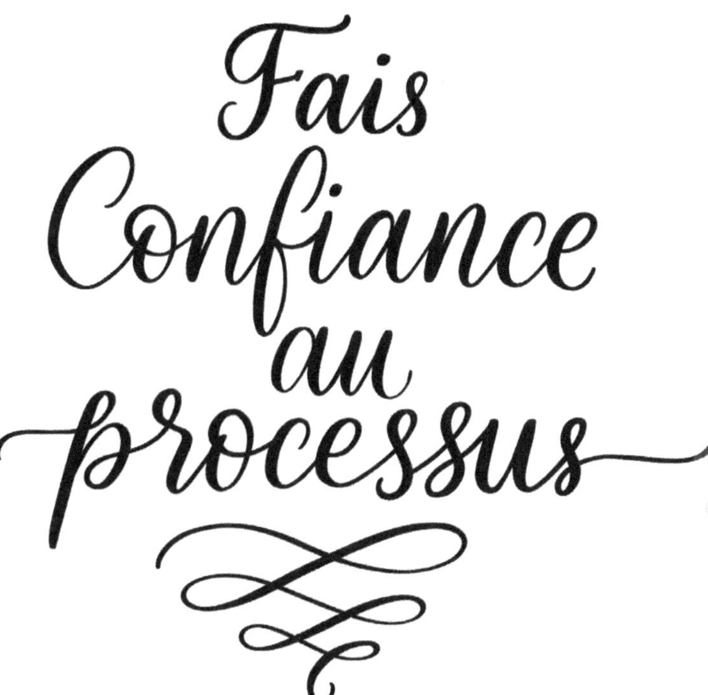

Redessinez vous-même ————————— Créez votre propre composition ———

PROJETS DE LETTRAGE

Tout ce que tu as, c'est maintenant ——— Redessinez avec un exemple ———

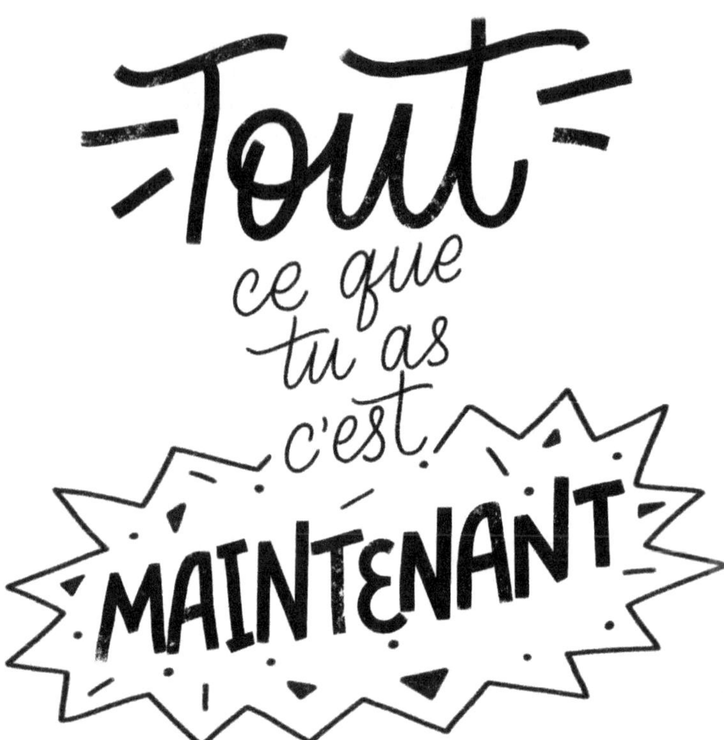

Redessinez vous-même ——————— Créez votre propre composition ———

Inspirez, expirez ——————————— Redessinez avec un exemple ———————

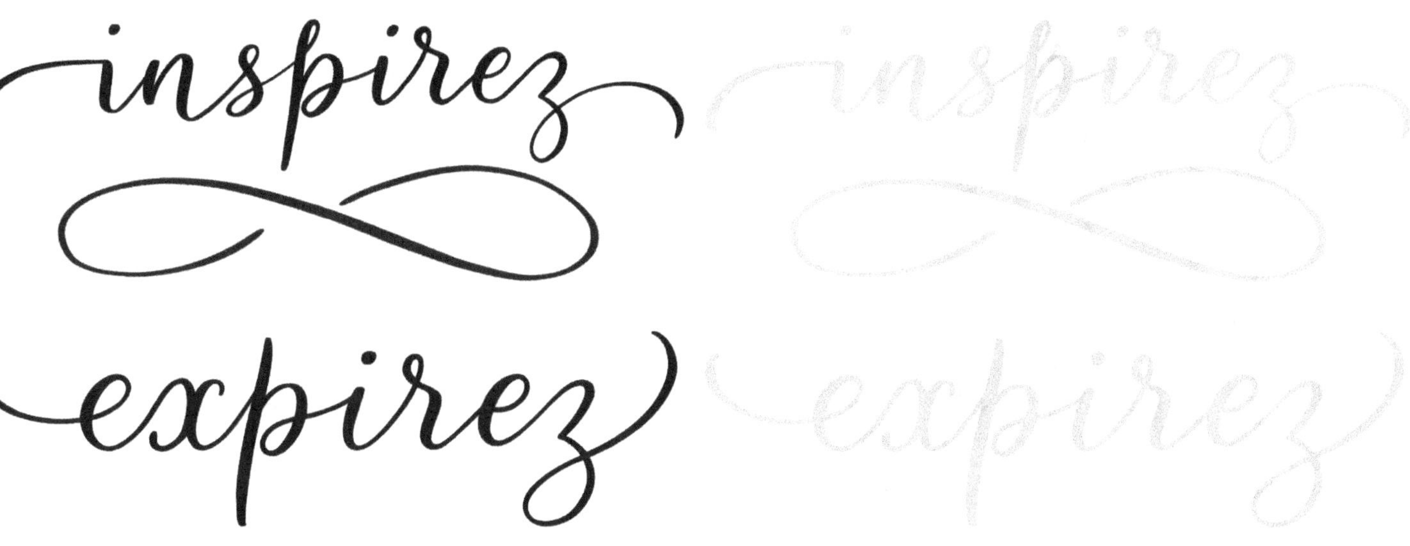

Redessinez vous-même ————————— Créez votre propre composition ———————

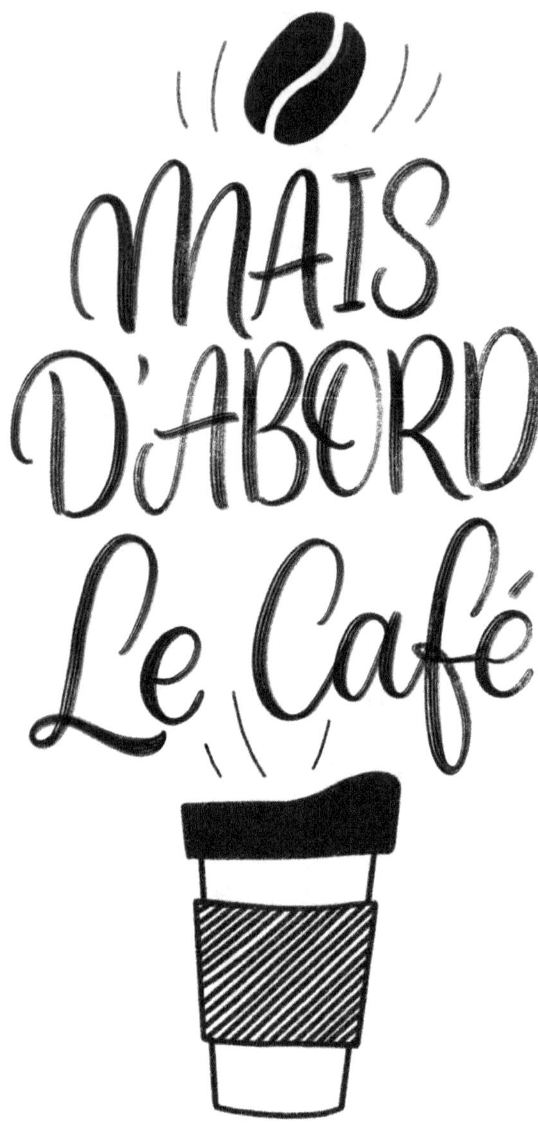

Redessinez avec un exemple ———————————

REDESSINEZ VOUS-MÊME

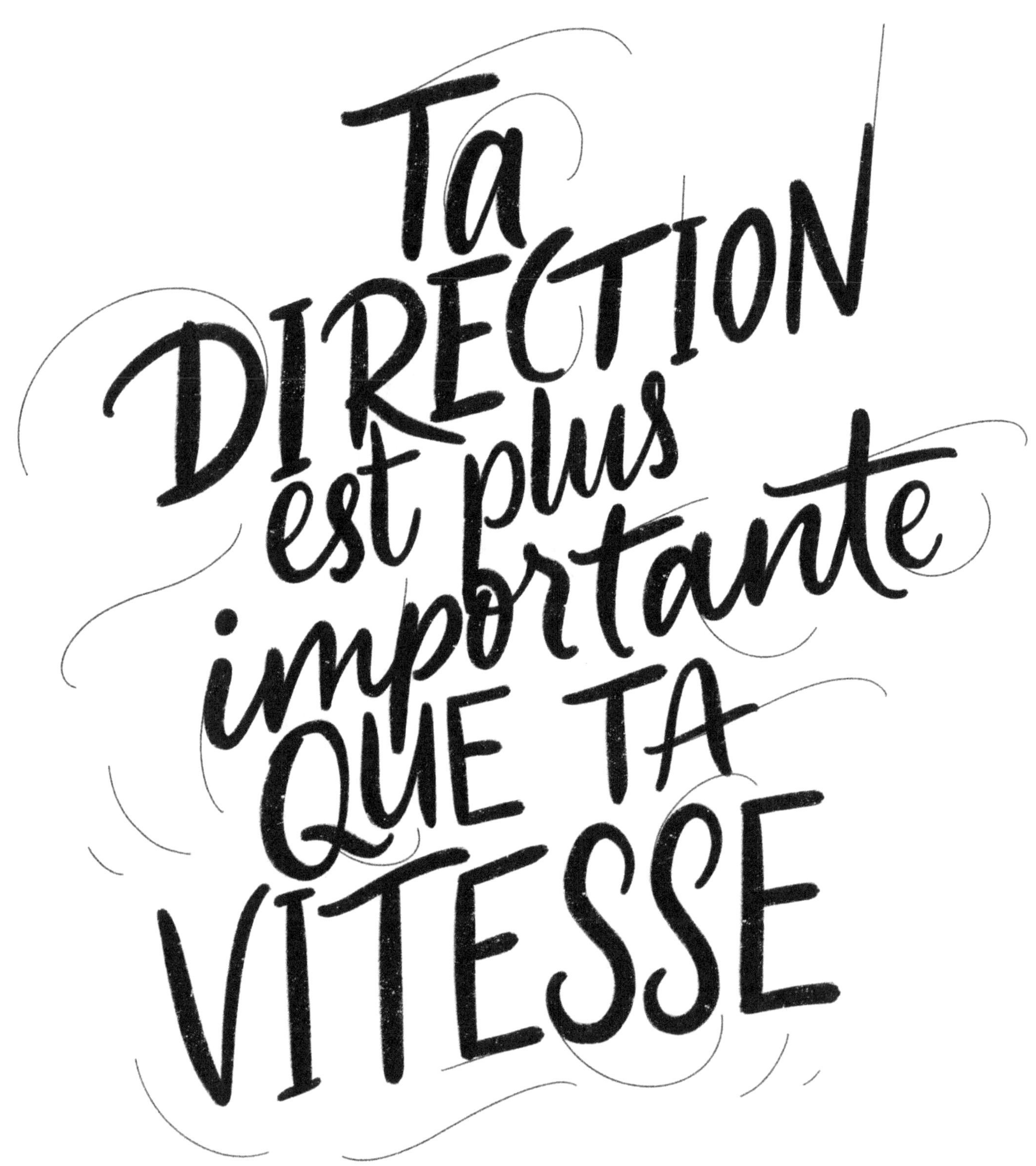

Ta
DIRECTION
est plus
importante
QUE TA
VITESSE

Redessinez avec un exemple

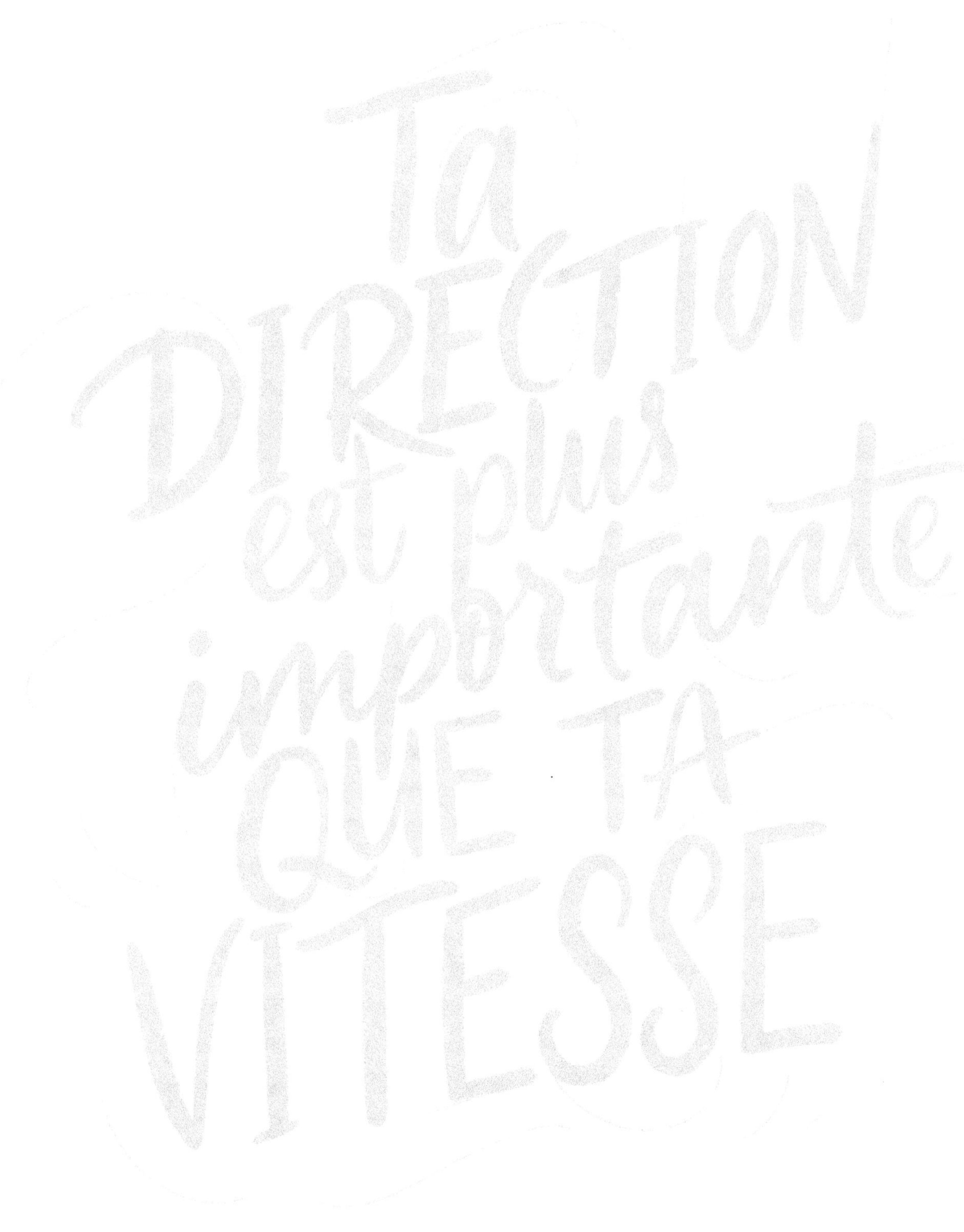

PROJETS DE LETTRAGE

Créez votre propre composition

Aidez-nous EN LAISSANT UN COMMENTAIRE SUR AMAZON

Nous espérons que vous avez apprécié ce livre et que votre voyage dans l'art de la calligraphie a commencé de la meilleure façon possible.

Il est vraiment important pour nous de recevoir vos commentaires sur ce guide, cela aiderait d'autres artistes à le connaître et à l'utiliser.

Nous vous expliquons ci-dessous comment faire:

1. Allez sur Amazon depuis votre profil et cliquez sur «mes commandes».

2. Recherchez ce livre

3. Cliquez sur «Écrire un avis sur ce produit».

4. Laissez-nous votre évaluation et, si vous le souhaitez, ajoutez quelques photos de vos fantastiques créations et progrès!

SOLUTION RAPIDE: SCANNEZ LE CODE QR CI-DESSOUS

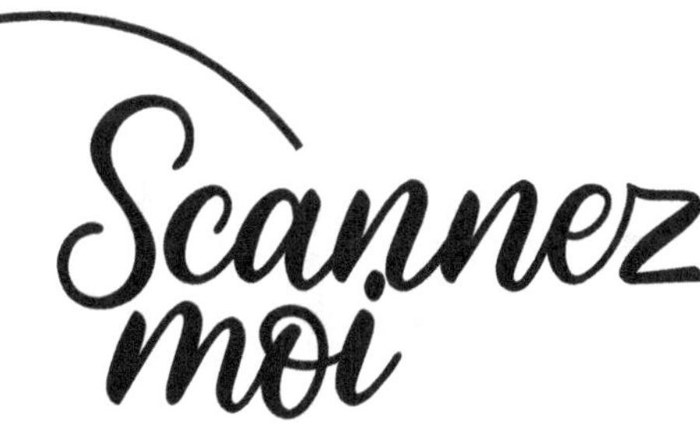

Merci BEAUCOUP POUR VOTRE SOUTIEN!

Vous
n'avez pas
BESOIN D'ÊTRE
PARFAIT
pour être
extraordinaire

www.ingramcontent.com/pod-product-compliance
Lightning Source LLC
Chambersburg PA
CBHW080006180726
48002CB00021B/3131